TEMPFER-REL

TEMPFER-REL

JEAN

RACINE

SA VIE INTIME

ET SA CORRESPONDANCE
AVEC SON FILS.

LILLE — J. LEFORT

EDITEUR

JEAN RACINE

In-12   3ᵉ serie

3586

HISTOIRE — BIOGRAPHIE

Format in-12.

Bossuet.	1 »	Clisson, connétable.	» 75
Brydayne, missionnaire	1 »	Charlemagne.	» 75
Crillon.	1 »	Charles de Blois.	» 75
Du Guesclin.	1 »	Colbert.	1 75
Fénelon.	1 »	D'Aguesseau, chancelier.	» 75
François Ier, roi de France.	1 »	Fernand Cortez.	1 75
Godefroi de Bouillon.	1 »	Lacordaire (le P.).	1 75
Henri IV, roi de France	1 »	Marguerite de Lorraine	» 75
Louis XII, roi de France.	1 »	M. Desgenettes, curé de Notre-	
Louis XIV, roi de France.	1 »	Dame des Victoires.	» 75
Marie Leczinska, r. de Fr.	1 »	M. Vianney, curé d'Ars	» 75
Marie-Antoinette, r. de Fr.	1 »	Michel-Ange.	» 75
Napoléon.	1 »	Mozart.	» 75
Philippe Auguste.	1 »	Pierre Corneille.	» 75
Stanislas, roi de Pologne.	1 »	Raphaël.	» 75
Architectes les plus céléb.	» 85	Racine (Jean).	» 75
Artisans les plus célèbres.	» 85	Sombreuil (Mlle de).	» 75
Aubusson (Pierre d').	» 85	Silvio Pellico.	» 75
Bayard.	» 85	Villars (le maréchal de).	» 75
Bérulle (le cardinal de).	» 85	Alix Leclerc.	» 60
Christophe Colomb.	» 85	Amis (les) de régiment.	» 60
De la Motte, év. d'Amiens.	» 85	Constantin le Grand.	» 60
Guerriers les plus célèbres	» 85	Hippolyte Flandrin.	» 60
Hommes d'État.	» 85	Henri Perreyre.	» 60
La Moricière (le gén. de)	» 85	Haydn.	» 60
Maintenon (Mme de).	1 85	Jasmin, poète d'Agen.	» 60
Magistrats les plus célèbres.	» 85	Jean Reboul	» 60
Marins les plus célèbres.	» 85	Jean Bart.	» 60
Médecins les plus célèbres.	» 85	Philippe de Gheldres, duchesse	
Peintres les plus célèbres.	» 85	de Lorraine.	» 60
Rantzau (le maréchal de)	» 85	Rossini.	» 60
Théodose.	» 85	Sebastien Gomez, élève de Mu-	
Turenne.	» 85	rillo.	» 60

Format in-18.

Charles le Bon, c. de Fl.	» 60	Claver, apôtre des nègres	» 30
Jeanne d'Arc.	» 60	Drouot, général	» 30
Louis XVI.	» 60	Daniel O'Connell.	» 30
Louis XVII.	» 60	Eudes (le P), fond. d'ordre	» 30
Affre (Mgr), arch. de Paris.	» 30	Fisher, év. de Rochester	» 30
Boufflers (le maréchal de).	» 30	Hohenlohe (le pr. A. de).	» 30
Cheverus (le cardinal de), arche-		Lafeuillade, soldat.	» 30
vêque de Bordeaux.	» 30	Sobieski.	» 30
Chateaubriand.	» 30	Thomas Morus.	» 30

RACINE

J. E. ROY

RACINE

SA VIE INTIME

ET SA CORRESPONDANCE AVEC SON FILS

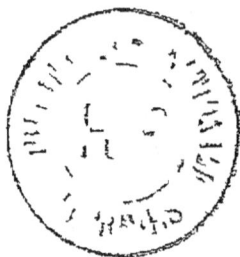

Les letres des grands hommes sont l'histoire fidele de leur caractere, de leurs sentiments et de leurs pensées On connait leur esprit et leur talent dans leurs ouvrages ; mais c'est dans l'epanchement d'une correspondance familiere qu'ils decouvrent leurs faiblesses, leurs penchants, les plus secretes affections de leur cœur

GEOFFROY, *Commentaires sur les lettres de Racine.*

LIBRAIRIE DE J. LEFORT

IMPRIMEUR EDITEUR

LILLE | PARIS
rue Charles de Muyssart, 24 | rue des Saints-Pères, 30,

Notre intention, en publiant ce volume, a été moins de faire connaître Racine comme écrivain que comme homme privé, comme père de famille et surtout comme chrétien.

Cette union si rare et si précieuse du génie le plus éminent avec la droiture et la simplicité du cœur, avec une piété tendre et sincère; cet assemblage de ce que l'esprit a de plus brillant avec les qualités et les vertus qui rendent l'homme aimable et en même temps estimable dans la société, nous a paru un tableau capable d'attacher toutes les âmes honnêtes, et c'est ce tableau, que présente avec un rare degré de perfection, la vie privée, la vie intérieure de Racine.

Tant d'écrivains ont souillé les plus beaux dons de la nature par des folies et des passions aussi honteuses que funestes, qu'il est doux d'aimer et d'estimer celui qu'on ne peut s'empêcher d'admirer.

Ce fut un privilége de ce grand siècle de Louis XIV de réunir les qualités brillantes aux qualités solides : aucun des hommes qui à cette époque ont honoré l'humanité par leur esprit, ne s'est avili lui-même par les bassesses du cœur. Les poëtes, qui semblent avoir plus de droit que les autres aux écarts de l'imagination, ont alors fait éclater autant de sagesse et de bons sens que de génie.

Corneille, Racine et Boileau sont des hommes francs, honnêtes, religieux, de mœurs simples et pures, soumis à tous les devoirs de citoyen, à toutes les bienséances sociales. Je vois la Fontaine expier sous le cilice la naïveté de ses contes. Molière, malgré les séductions de son état, conserve des sentiments nobles et généreux. La Bruyère parle et pense en grave moraliste, en philosophe chrétien. Que dire d'un Bourdaloue, d'un Fénelon, d'un Fléchier, d'un Bossuet, aussi admirables par leur piété que par leur éloquence? L'esprit religieux n'imprime-t-il pas à leur style un caractère sacré? De tels hommes sont même supérieurs à la gloire des lettres.

Heureux temps où les arts et les sciences étaient d'accord avec la religion et les mœurs! Et combien la France n'a-t-elle pas souffert depuis qu'il s'est établi en quelque sorte un divorce entre l'esprit et le sens commun, entre le talent et la vertu, entre la religion et la philosophie !

JEAN RACINE

CHAPITRE I

Naissance de Jean Racine. — Son éducation. — Ses études au collège de Beauvais et à Port-Royal — Son goût pour la poésie. — Racine au collège d'Harcourt. — Son année de philosophie. — Echantillon de la poésie de Racine à cette époque.

Jean Racine naquit à la Ferté-Milon le 21 décembre 1639. Son père, nommé aussi Jean, était contrôleur du grenier à sel de cette ville; sa mère, Jeanne Sconin, était fille d'un procureur du roi aux eaux et forêts de Villers-Cotterets. Le jeune Racine n'avait que deux ans lorsqu'il perdit sa mère (janvier 1641); et deux ans après, la mort lui enleva son père (6 février 1643). Resté orphelin à l'âge de quatre ans à peine, il fut élevé avec sa sœur, plus jeune que lui, par son aïeul Jean Racine (1), qui légua peu de temps après, en 1650, cette tutelle à sa veuve, Marie Desmoulins, retirée à Port-Royal-des-Champs, où elle avait une fille religieuse.

Le jeune Racine, alors âgé de onze ans, fut envoyé au collége de Beauvais, pour y recevoir les premiers éléments du latin. A cette époque, les troubles de la Fronde agitaient Paris et bientôt se répandirent sur toute la France. L'esprit de parti se glissa jusque dans le collége ; il y eut parmi les écoliers des *mazarins* et des *frondeurs*, et souvent aussi des luttes, à l'instar de ce qui se faisait à Paris. Dans un de ces combats, Racine reçut au front un coup de pierre, dont il porta toujours la cicatrice au-dessus de l'œil gauche. Les *Mémoires* de son fils ne nous disent pas si son père combattait dans les rangs des *parlementaires* ou dans ceux du *cardinal*; mais ils nous racontent que le principal du collége le montrait à tous comme un brave blessé pour la *bonne cause*, ce qui ne nous apprend pas encore quelle était la cause que le principal regardait comme la bonne.

Racine sortit du collége de Beauvais le 1ᵉʳ octobre 1655, et entra à la maison des Granges, voisine de

(1) Dans les *Mémoires sur la vie de Jean Racine*, écrits par Louis Racine, son fils, il est dit que ce fut Pierre Sconin, son aïeul maternel, qui se chargea des deux orphelins, et ce fait a été répété par la plupart des biographes du grand poëte ; mais des actes authentiques ont rectifié cette erreur, qui n'est pas la seule que l'on trouve dans ces Mémoires.

Port-Royal-des Champs, où il fut placé par sa grand'-mère, Marie Desmoulins. C'est dans cette solitude que s'était rassemblée une société d'hommes célèbres qui se disaient persécutés pour leurs opinions, mais qui n'étaient en effet que les victimes d'un entêtement bizarre et d'un orgueil insensé. Le désir de soutenir des systèmes théologiques que l'Eglise et le gouvernement n'approuvaient pas, les forçait d'acquérir une érudition extraordinaire. Les apologies continuelles qu'ils opposaient à leurs adversaires contribuaient à donner à leur style de la pureté et de l'énergie. Pour être lu, il faut bien écrire ; et les solitaires de Port-Royal n'avaient de ressource contre l'autorité que dans le suffrage du public, qui s'accorde au mérite de l'écrivain plus encore qu'à la bonté de sa cause. Pour rendre leur solitude plus utile, ils avaient établi à Port-Royal une école célèbre par la vigueur des études et l'austérité de la discipline : les élèves ne trouvaient aucune distraction dangereuse dans ce désert ; ils n'y avaient pour maîtres que des hommes zélés, laborieux et savants, qui remplissaient leurs fonctions comme un devoir sacré qu'on aime, et non comme une corvée désagréable dont on cherche à se débarrasser. C'est là qu'au sortir du collége de Beauvais, Racine fut conduit par cette Providence qui voulait jeter dans son cœur des semences de piété capables de résister aux passions du monde et aux enchantements du théâtre (1).

Agnes de Sainte-Thecle Racine, fille de Marie

(1) Geoffroy, *Vie de J Racine*

Desmoulins et tante du jeune Racine, était alors
abbesse de Port-Royal On comprend que, sur sa re-
commandation, son neveu reçut de ses maîtres des
soins particuliers. Il est vrai que les belles qualités
de son cœur et les heureuses dispositions de son
esprit contribuèrent plus encore que les recomman-
dations de sa parente à lui gagner l'affection de ses
maîtres. L'avocat Lemaître, le docteur Hamon,
Nicole, Sacy, Lancelot, auteurs de la *Logique*, de
la *Grammaire générale*, et d'autres ouvrages clas-
siques connus sous le titre de *Méthodes de Port-
Royal*, lui donnèrent d'excellents principes de morale, de logique et de goût. Antoine Lemaître dirigea
ses études; il aimait Racine comme son fils et le
destinait à la profession d'avocat. Lancelot, l'auteur
d'une grammaire grecque et du *Jardin des racines
grecques*, se chargea particulièrement de lui ensei-
gner la langue d'Homère et de Platon. Soit par un
effet de la méthode du professeur, soit par suite de
la facilité de l'élève, ou plutôt par ces deux causes
réunies, les principes de la langue grecque n eurent
point pour Racine cette sécheresse ennuyeuse sous
laquelle trop souvent l'esprit s'affaisse et se décou-
rage. Il trouva, dans les livres qu'on lui fit expliquer, des principes d'une raison si solide et si
vigoureuse que le fond d'instruction qu'ils présen-
taient lui cacha les difficultés attachées à l'idiome
dans lequel ils étaient écrits. Plutarque, Platon,
saint Basile, saint Jean Chrysostôme et les autres
Pères de l'Eglise, mis à Port-Royal fort au-dessus des
auteurs profanes, furent les livres de sa jeunesse.

A ce sujet, Geoffroy, l'un des biographes de Racine, fait une remarque qui malheureusement ne manque ni de justesse ni d'a-propos : « C'est à présent dans des romans et des poetes frivoles que les jeunes gens étudient l'art de penser, de raisonner et d'écrire ; et ce qui n'est étonnant que pour le vulgaire, des études tristes et austères ont produit le plus elégant, le plus agréable des poetes, tandis que des études légères et frivoles ne nous donnent aujourd'hui que des poetes durs, secs et tristes. »

La langue grecque, qui parut à Racine si belle et si riche dans les orateurs, les philosophes et les historiens de cette nation, lui présenta des richesses plus précieuses, des beautes plus ravissantes dans ses poetes et dans ses œuvres d'imagination : ce fut comme un monde nouveau qui se dévoila à son esprit, et ce fut peut-être alors que les premières etincelles du feu poétique s'allumèrent dans son âme. Homère, Eschyle, Sophocle, Euripide, Pindare et Théocrite devinrent ses lectures de prédilection. Son plus grand plaisir était de s'enfoncer dans les bois de l'abbaye avec Sophocle et Euripide, qu'il savait presque par cœur et dont il devait faire revivre le génie en France. Sa mémoire était étonnante ; nous en citerons pour preuve l'anecdote suivante :

Le roman grec de *Théagene et Chariclee* lui tomba un jour dans les mains, et il le lut avec avidité. Lancelot, qui s'en aperçut, le lui arracha et le jeta au feu. Cet ouvrage ne paraît avoir rien de dangereux ni pour le fond ni pour la forme ; il n'offre qu'un amour vertueux, exprimé avec chaleur et eloquence ;

mais le sévère Lancelot croyait que la peinture d'un
amour même honnête n'etait propre qu'à troubler
l'imagination d'un jeune homme. Racine, ordinai-
rement si docile envers ses maîtres. n'accepta pas
cette fois le jugement de Lancelot. Il trouva le moyen
de se procurer un autre exemplaire de cet ouvrage ;
il eut le même sort que le premier. Il en acheta un
troisième ; mais pour ne plus craindre d'en être privé
comme des autres, il l'apprit secretement par cœur.
Quand il le sut, il le porta lui-même à son professeur, en lui disant : « Vous pouvez brûler encore
celui-ci comme les autres; je n'ai plus besoin désor-
mais de l'avoir dans les mains, je l'ai dans ma
tête. » On excusa sans peine une désobéissance d'un
genre si nouveau : on n'avait pas à craindre qu'elle
eût beaucoup d'imitateurs.

Racine ne se contentait pas de lire les anciens. il
les traduisait, il les commentait, il en faisait des
extraits ; c'est ainsi que l'on se nourrit de ses lectures
et qu'on les fait passer pour ainsi dire dans sa propre
substance. Il traduisit *le Banquet de Platon*, dont il
nous reste un fragment. fit plusieurs extraits de
saint Basile et d'un grand nombre d'auteurs grecs et
latins. Ces cahiers, garants de la solidité des premières études de Racine, se conservent précieuse-
ment à la Bibliothèque impériale, ainsi que la plupart des livres grecs et latins qu'il lisait et qu'il a
chargés d'une foule de notes marginales, et ils sont
devenus des objets de curiosité et de vénération. Son
exemplaire de Sophocle contient entre autres un très-
grand nombre de notes sur la conduite des pièces

de ce poete, notes qui ont été reproduites en partie
par les commentateurs de Racine. « C'était, dit
Luneau de Boisjermain, l'un d'eux, des renseigne-
ments qui devaient un jour rappeler à Racine des
idées perdues, ou servir à lui en faire naître de
nouvelles. »

Le goût de Racine pour la poésie française se montra déjà pendant son séjour à Port-Royal, malgré les
entraves que mettaient à ses développements des
maîtres graves et prudents, qui voyaient dans ce
genre, trop souvent consacré à la frivolité et à la
galanterie, beaucoup de dangers pour les mœurs, et
le plus grand obstacle à un établissement honnête et
sérieux (1). Ils raisonnaient d'après les maximes de la
morale religieuse et d'après une parfaite connaissance de la société. Ne pouvant prévoir à quel degré
Racine devait s'élever un jour par son talent poétique, ils suivaient les conseils de l'expérience en
l'écartant d'une carrière où l'on achète souvent,
par des travaux opiniâtres, le ridicule, le mépris et
la pauvreté. Il n'y a guère dans un siècle que trois
ou quatre génies qui s'élèvent au-dessus de la mé-
diocrité ; et c'est compter sur un prodige que d'encourager un jeune métromane.

En 1658. c'est-à-dire après trois ans de séjour à
Port-Royal, Racine quitta cette maison pour venir à
Paris faire sa philosophie au collége d'Harcourt.

(1) On prétend que M. Lemaître cachait a Racine les livres
qui pouvaient entretenir son goût pour la poésie, avec autant
de soin que le père de Pascal écartait de son fils tous les ouvrages de geometrie.   (*Luneau de Boisjermain.*)

« Quelle philosophie ! vont s'écrier nos philosophes
d'aujourd'hui ! » s'écrie à son tour Geoffroy. « Ils
ont raison, poursuit-il, de blâmer plusieurs subti-
lités épineuses et le jargon barbare qui déshonoraient
l'enseignement de l'ancienne philosophie ; mais qu'ils
nous expliquent donc enfin pourquoi les auteurs, a
qui l'on a enseigné cette philosophie, ont mis dans
leurs écrits une raison plus saine, un sens plus droit,
un jugement et un goût plus exquis que tous les
élèves de la philosophie moderne? Comment se fait-
il que la philosophie, en se perfectionnant, n'ait
formé que des esprits faux et de mauvais raisonneurs?
Pourquoi les Arnaud, les Nicole, les Pascal, les
Bossuet, les Fénelon, les Molière, les Boileau, les
Racine, les la Bruyère, les la Fontaine, etc., etc.,
tous nourris, dans leurs études, de syllogismes, de pro-
positions, d'universaux et de tout ce jargon barbare
aujourd'hui si décrié, ont-ils cependant été de pro-
fonds penseurs, d'excellents philosophes et des
hommes éminemment raisonnables? Il faut croire que
la simplicité des mœurs, la probité, la vertu, la
droiture du cœur ont plus de pouvoir encore que
l'enseignement pour épurer la raison, et que les lumières, dans des hommes corrompus, ne servent qu'a
leur fournir des armes pour colorer les sophismes
d'une mauvaise conscience. Voilà pourquoi l'essen-
tiel de l'éducation sera toujours de former les mœurs
et d'inspirer les sentiments honnêtes. »

Cependant Racine prit bravement son parti de
l'ennui que lui causait l'étude de la philosophie. Il
s'en dédommageait par la lecture de ses auteurs

favoris, et quelquefois par des lettres qu'il écrivait à
ses amis, et où il mêlait des vers fort médiocres,
comme les premiers essais poétiques de son adoles-
cence, dont son fils nous a conservé des fragments,
qui, de l'aveu même de ce dernier, sont loin d'annoncer l'auteur d'*Andromaque* et d'*Athalie*. On peut
en juger par ces vers, adressés à un de ses amis pendant qu'il faisait son cours de logique :

> Lisez cette pièce ignorante,
> Où ma plume si peu coulante
> Ne fait voir que trop clairement,
> Pour vous parler sincèrement,
> Que je ne suis pas un grand maître.
> Hélas ! comment pourrais-je l'être ?
> Je ne respire qu'arguments,
> Ma tête est pleine à tous moments
> De majeures et de mineures, etc.

Qui dirait, en effet, que ces vers, ou plutôt cette
mauvaise prose rimée, ont été tracée par la même
main qui devait un jour s'illustrer par tant de chefs-
d'œuvre? On conçoit, d'après cet échantillon, que
ses maîtres, à part toute autre raison, ne devaient
guère encourager Racine dans une carrière pour
laquelle il montrait si peu de talent. Mais ces premiers essais de sa muse n'en sont pas moins devenus
des monuments curieux, puisqu'ils marquent de
quel point ce grand homme est parti pour s'elever si
haut.

CHAPITRE II

Premiers succès de Racine en poésie. — *La Nymphe de la Seine.* — On le presse de prendre un état — Son voyage et son séjour à Uzès. — Son retour à Paris. — Il travaille à sa première tragédie. — Il compose l'ode *la Renommée aux Muses.* — Avantages que cette ode lui procure. — Commencement de sa liaison avec Boileau — Coup d'œil sur les travaux dramatiques de Racine de 1664 a 1677. — Il se dégoûte du théâtre. — Sa conversion — Motifs qui l'ont déterminée.

Peut-être les remontrances et les sermons de ses instituteurs sur les dangers de la poésie eussent fini par triompher du penchant de Racine, si un succès inattendu n'était venu lui faire oublier leurs justes observations et déterminer en quelque sorte sa vocation poétique. A l'occasion du mariage de Louis XIV avec l'infante Marie-Thérèse (1660), tous les poetes *accordèrent leur lyre* pour chanter cet hyménée et la paix dont il était le gage. Racine, encore écolier ou sortant à peine des bancs du collége d'Harcourt pour suivre les écoles de droit, se mit sur les rangs ; et sa pièce, ou son ode, intitulée *la Nymphe de la Seine*, fut distinguée par Chapelain, et jugée supérieure à tous les essais des autres poetes sur le même sujet. Chapelain, cependant, fit quelques critiques et releva surtout la bévue du jeune poete qui avait mis des tritons dans la Seine. Pour réparer sa faute, Racine fut oblige de changer une stance tout entière, non sans maudire beaucoup les tritons. Chapelain, flatté peut-être de cette docilité à écouter ses observations, prit le jeune auteur en amitié, et parla de lui et de son ode si avantageusement à Colbert, que ce ministre lui envoya cent louis (1) de gratification de la part du roi, et peu après le fit mettre sur l'état des pensions pour une somme de six cents livres en qualité d'homme de lettres. « Quel sujet d'émulation, dit à cette occasion Louis Racine dans ses Mémoires, pour un jeune homme très-inconnu du public et de la cour, de recevoir de la part du roi et de son ministre une bourse de cent louis! » Cette ode était déjà bien supérieure à ses premiers essais, mais elle est remplie de faux brillant, d'expressions ampoulées, et de tous ces défauts de l'époque qu'on regardait alors comme des beautés. Elle n'a guère d'autre mérite que celui d'une versification généralement pure et nombreuse, et d'une médiocre élégance. Mais alors le mérite de la tournure des vers était encore assez rare pour être fort recherché, et la jeunesse de l'auteur y donnait un nouveau prix. Pour donner une idée de cette pièce, nous en citerons les deux premières strophes :

(1) Le louis valait alors onze francs

Grande reine, de qui les charmes
    S'assujettissent tous les cœurs,
    Et, de nos discordes vainqueurs,
    Pour jamais ont tari nos larmes;
Princesse, qui voyez soupirer dans vos fers
Un roi qui de son nom remplit tout l'univers,
En faisant son destin, faites celui du monde,
Régnez, belle THÉRÈSE, en ces aimables lieux
    Qu'arrose le cours de mon onde
Et que doit éclairer le feu de vos beaux yeux.

    Je suis la nymphe de la Seine ;
    C'est moi dont les illustres bords
    Doivent posséder les trésors
    Qui rendaient l'Espagne si vaine.
Ils sont des plus grands rois l'agréable séjour,
Ils le sont des plaisirs, ils le sont de l'amour.
Il n'est rien de si doux que l'air qu'on y respire.
Je reçois les tributs de cent fleuves divers;
    Mais de couler sous votre empire,
C'est plus que de régner sur l'empire des mers, etc.

L'ode *la Nymphe de la Seine* n'eut pas à Port-Royal le même succès qu'à la cour · elle attira à son auteur de nouvelles et plus vives réprimandes sur sa passion démesurée pour les vers; on le pressa de prendre un état sérieux, et on tenta de le lancer dans le barreau; mais il ne tarda pas à se dégoûter de l'étude de la jurisprudence et des lois; on voulut lui procurer quelque emploi dans la finance, il s'y refusa aussi.

Pendant qu'il était ainsi indécis sur le choix d'un état, un de ses oncles maternels, nommé le P. Sconin, chanoine régulier de Sainte-Geneviève, demeurant à Uzès en Languedoc, où il exerçait les fonctions d'official et de grand vicaire, et qui jouissait en outre d'un canonicat à la cathédrale et du prieuré de Saint-Maximin, offrit de résigner son bénéfice à son neveu, s'il voulait embrasser l'état ecclésiastique. Racine, sans vocation déterminée, partit pour Uzès, où il se livra à l'étude de la théologie. Voici comment il rend compte de ses occupations, dans une lettre du 17 janvier 1662, adressée à son cousin Vitart : « Je passe mon temps » avec mon oncle, saint Thomas et Virgile. Je fais » force extraits de saint Thomas, et quelques-uns de » poésie. Mon oncle a de bons desseins pour moi ; » il m'a fait habiller de noir depuis les pieds jus- » qu'à la tête : il espère me procurer quelque chose. » Ce sera alors que je tâcherai de payer mes dettes. » Je n'oublie point les obligations que je vous ai : » j'en rougis en vous écrivant : *Erubuit puer, salva* » *res est* Mais cette sentence est fausse ; mes affaires » n'en vont pas mieux. »

Il n'étudiait la théologie qu'incidemment, et nous voyons dans sa correspondance intime qu'Homere, Euripide et les autres poetes l'occupaient presque exclusivement. Ce fut pendant son séjour à Uzès qu'il composa sa première tragédie. Le poeme de *Théagene et Chariclée* lui fournit le sujet de son premier essai dramatique : essai malheureux qui n'a jamais paru au théâtre et dont il ne reste rien.

Enfin, Racine, dégoûté d'un pays où « il crai- gnait, disait-il, d'oublier la langue française, » revint à Paris, la patrie des talents et la mère des artistes.

Il fut cependant pourvu pendant quelque temps du prieuré de Lépinai. dont il porta le titre sans en toucher les revenus . le seul fruit qu'il en recueillit fut un procès qu'il eut à soutenir; et le public profita du procès, lequel fit eclore la comédie des *Plaideurs*, la seule qu'ait faite Racine, et dans laquelle il s'est elevé à la hauteur de Molière.

Sur la fin de son séjour à Uzès il avait abandonné le sujet de *Theagene et Chariclée*, comme peu propre à la scène tragique , et il avait pris dans Euripide le sujet de la *Thébaïde*, qu'il termina presque entièrement.

De retour à Paris, il alla trouver Molière, qui avait la réputation de bien accueillir les jeunes auteurs. Il lui montra ses deux essais de tragédie. Molière lui prodigua les témoignages de la plus sincère bienveillance, conçut des espérances de son talent, le confirma dans l'opinion qu'il s'était déja formée lui-même sur *Theagène et Chariclée*, et l'engagea à mettre la dernière main a sa *Thébaïde*. comme etant un sujet éminemment tragique.

Racine se mit donc à l'œuvre ; mais tout en travaillant à terminer sa tragédie , il publia deux odes de circonstance, l'une sur la convalescence du roi (1), qui eut peu de succès, une autre intitulée *la Renommee aux Muses*, qui en eut au contraire beaucoup plus que *la Nymphe de la Seine*, quoiqu'elle lui soit bien inférieure. Dans *la Renommée aux Muses*,

(1) Louis XIV avait eu la rougeole au mois de juin 1663.

le poete célèbre les nombreux encouragements pro-
digués à cette époque par Louis XIV aux lettres, aux
sciences et aux arts ; l'établissement des trois aca-
démies; les giatifications et les pensions accordées
aux gens de lettres , aux savants nationaux et étrangers, etc., etc. Cette ode valut à l'auteur une seconde
gratification royale, dont l'ordre était énonce en des
termes honorifiques, qui sont pour le talent un bien-
fait de plus (1). Un avantage plus précieux dont cette
même pièce fut pour lui l'occasion , ce fut l'amitié
de Boileau. A peu près du même âge que Racine, il
fit quelques remarques critiques sur son ode, qui lui
etait tombée entre les mains. L'auteur fut frappé de
la justesse des idées du critique, et désira le connaître et le remercier. Ce fut la l'origine de cette
liaison intime qui fut si utile à Racine, et de cet
attachement réciproque, si honorable à la fois pour
les deux amis et pour les lettres.

Nous voici arrivés a l'époque où Racine se livre
à peu près exclusivement aux compositions dramatiques. Nous allons jeter un coup d'œil rapide sur
cette brillante carrièie qu'il parcouiut si rapidement
(de 1664 à 1677). « Cet espace de treize ans , dit
Geoffioy , qu'on peut appeler la vie littéraire de
Racine, forme la plus magnifique et la plus memora-
ble époque de la littérature et de la scène française. »

En 1664, il fit jouer *la Thébaide ou les Freies
ennemis*, qui eut quelque succès. *Alexandre*, joué
l'année suivante, réussit complétement , et montra

(1) Il portait : *Poui lui donner les moyens de continuer
son application aux lettres.*

de grands progrès dans la versification de l'auteur,
alors âgé de vingt-cinq ans. Mais, hors les vers,
rien de ces ouvrages n'annonçait encore Racine,
et ni l'une ni l'autre de ces pièces n'est restée.
C'etaient deux faibles imitations de Corneille, dont,
par un malheur assez ordinaire aux imitateurs,
Racine n'avait pris que les défauts, c'est-à-dire la
galanterie froide mêlée à l'héroisme, les maximes
odieuses, les raisonnements métaphysiques et la déclamation.

L'année suivante, Racine franchit un intervalle
immense en faisant *Andromaque* et *Britannicus*,
« deux grandes conceptions dramatiques, dit Laharpe, également originales dans des genres bien
différents, et que lui-même n'a pas surpassées, l'une
pour la force tragique, l'autre pour la maturité de la
composition. » Racine, dans ces deux pièces, loin
d'avoir cherché à imiter Corneille, se lança dans
une route toute différente, inconnue peut-être à
Corneille lui-même. Celui-ci avait étonné, enlevé le
spectateur; son jeune rival cherche a l'émouvoir et
à l'attendrir. La pitié lui parut un ressort tragique
plus actif, plus étendu, d'un effet plus pénétrant et
moins passager que l'admiration. Il étudia le cœur
humain, ses passions, ses faiblesses, ses replis les
plus secrets. C'est là qu'il découvrit un genre de
tragédie tout nouveau, dont il offrit le premier et
probablement l inimitable modèle, surtout dans son
Andromaque, celle de toutes ses tragédies qui, sans
être la plus parfaite, produit le plus d'effet par l'expression énergique et vraie des sentiments et des

caractères, et par l'heureuse alternative de crainte et d'espérance, de terreur et de pitié, dont le poëte sait agiter nos âmes.

Après s'être élevé dans cette pièce au plus haut degré du pathétique, il quitte les traces d'Euripide pour suivre celles de Tacite et s'enfoncer avec lui dans les profondeurs de la politique. Il montre, dans *Britannicus*, qu'il sait peindre les intrigues d'une cour corrompue (1) aussi bien que les fureurs d'un amour au désespoir ; il trace les caractères les plus vigoureux et les tableaux les plus austères, de la même main qui crayonne les orages du cœur et le délire des passions; et dans l'intervalle qui sépare ces deux ouvrages immortels, il se délasse et s'amuse à nous exposer les ridicules du barreau, dans la comédie des *Plaideurs*. Emule d'Aristophane, il produit en se jouant une comédie que Moliere n'aurait pas désavouée.

Bientôt l'auteur de *Britannicus*, le peintre mâle et fier d'Agrippine, de Néron et de Burrhus, épuise

(1) Louis Racine rapporte dans ses mémoires que « ces vers de la dernière scène du IVᵉ acte de *Britannicus* où l' est dit en parlant de Néron :

Pour toute ambition, pour vertu singulière,
Il excelle a conduire un char dans la carrière,
A se donner lui-même en spectacle aux Romains,

firent une vive impression sur Louis XIV, qui crut y voir une censure de sa conduite, et que dès ce moment il quitta l'habitude où il était de figurer dans les ballets qui se donnaient a la cour. » Ce fait a été répété par la plupart des écrivains et des biographes, sur la foi de Racine le fils, mais, comme le fait très-bien observer

dans un autre ouvrage, d'une nature bien différente, tout ce que le sentiment a de plus délicat, de plus tendre et de plus touchant : il fait éclore une tragédie de ce qui aurait à peine fourni à un autre une élégie ou une idylle; et si Racine a des pièces plus fortes que *Bérénice*, il n'en a point où triomphent avec plus d'éclat la richesse du talent et l'art de féconder le sujet le plus stérile.

De la cour d'un empereur romain, centre de la politesse, il passe dans le palais d'un barbare. Aux portraits du vertueux Titus, de la sensible Bérénice. succèdent (dans *Bajazet*) deux figures absolument nouvelles sur notre scène, Acomat et Roxane, un visir consommé dans la politique du sérail, et une sultane qui joint les fureurs de l'ambition aux fureurs de l'amour. Ces deux créations, qu'on serait tenté de

M. Roger dans sa notice sur J. Racine (*Biographie universelle*), les *Mémoires* de Louis Racine doivent être lus avec beaucoup de défiance, parce qu'il ne les a écrits que sur des oui-dire, et l'on y rencontre a chaque instant des erreurs qu'il est nécessaire de rectifier. « Il est très-possible, ajoute cet écrivain, que Louis XIV ait reflechi, *à propos de ces vers*, sur le peu de dignité qu'il y avait a danser en public ; mais qu'il les ait crus dirigés contre lui, et surtout que Racine ait jamais eu la pensée de les lui appliquer, c'est ce qui est contraire à toute vraisemblance. Ces vers sont si naturellement placés dans la bouche de Narcisse, ils sont si conformes à l'histoire, ils vont si directement au but de la scene, il était si impossible qu'ils ne s'y trouvassent pas, qu'il serait superflu de supposer au poete d'autres intentions que des intentions purement dramatiques, quand même il ne serait pas ridicule et odieux d'imaginer qu'il ait songé le moins du monde a Louis XIV en parlant de Néron »

regarder comme le dernier effort du génie, sont
encore surpassées par l'admirable contraste du fa-
rouche Mithridate et de la timide Monime. « C'est
alors que Racine, dans toute la splendeur de son
midi, darde ses rayons les plus brûlants. *Iphigénie*
paraît et semble effacer par son éclat tout ce qui l'a
précédée; elle est suivie de *Phedre*, dont le seul
caractère égale et balance la perfection de toute la
pièce d'*Iphigenie*. Il semble que l'imagination n'aper-
çoive rien au dela! Nous le verrons cependant s'élever encore plus haut; mais ses deux derniers chefs-
d'œuvre appartiennent a sa vie morale et chrétienne; *Phèdre* fut le dernier terme de sa gloire
profane et littéraire (1). »

Dans le cours de ses travaux dramatiques, Racine
éprouva quelquefois des injustices cruelles, jamais
de chute éclatante. Il n'en fut guère plus heureux;
son excessive sensibilité faisait pour lui des sup-
plices des moindres plaisanteries, des plus légères
objections. Il disait à son fils, pour le détourner de la
poésie et du theâtre : « Les plus mauvaises critiques
m'ont fait plus de peine que les plus grands succès
ne m'ont fait de plaisir. »

On a cru voir dans ces paroles un excès de sus-
ceptibilité : il n'y avait à remarquer que la franchise de l'aveu. Ce mot est celui du cœur humain
dans toutes les jouissances de l'amour-propre : il
revient a ce principe, qu'il est dans l'homme de regarder tout ce qu'il obtient comme un droit, et ce
qui lui manque comme un larcin. Il en résulte que

(1) Geoffroy, *Vie de J. Racine.*

le cœur humain ici-bas est et doit être toujours trompé et jamais satisfait : vérité féconde, si elle était approfondie par la réflexion comme elle est avouée par l'experience, et dont ce n'est pas ici le lieu de développer les conséquences.

Celle que Racine en tira, fut le besoin de reposer dans l'amour du Créateur et dans l'espérance d'un meilleur monde, un cœur que pouvaient si aisément blesser les créatures, et que jamais elles ne pouvaient remplir.

Les causes qui déterminèrent Racine à renoncer au théâtre ont été mal comprises ou mal connues d'une partie de ses contemporains et surtout des philosophes du dix-huitième siècle. Geoffroy, que nous avons déjà cité, a refuté victorieusement leurs assertions dans l'histoire qu'il a donnée du grand poete, en tête de l'édition qu'il a publiée de ses œuvres. Nous en extrairons les passages suivants :

« C'est ici, dit le célèbre critique, le lieu d'approfondir les motifs de la conversion de Racine, que les philosophes ont dénaturés par l'impossibilité même de les concevoir. Des hommes ivres de vanité et d'ambition, fanatiques du theâtre, persuadés qu'il n'y a rien de plus important et de plus admirable dans le monde que les comédiens, et que le bonheur suprême consiste dans les applaudissements populaires, pouvaient-ils se figurer que Racine, dans toute la force de l'âge et du talent, fût capable de renoncer à la poésie, a la gloire, de fouler aux pieds ses couronnes, pour se consacrer tout entier à la pratique des vertus chrétiennes ? C'est un miracle

au-dessus de l'intelligence de ceux pour qui la vertu
et la religion ne sont que des chimères inventées
pour tromper les sots. Ils ont donc cherché une
explication à cette conduite si étrange de Racine, et
ils l'ont trouvée dans les passions qui sont leur
unique morale : à les entendre, c'est l'orgueil, c'est
le dépit, c'est la colère qui ont arrêté l'auteur de
Phedre dans sa brillante carrière; il a voulu punir
l'injustice de son siècle; il s'est retire du théâtre,
comme Achille du rang des Grecs, pour se venger
de l'affront fait à son chef-d'œuvre (1).... La raison,
d'accord avec les faits, ne permet pas de douter
qu'il n'ait quitte le théâtre pour se livrer a des soins
qui lui paraissaient plus dignes d'un chrétien. Il avait
triomphé de la cabale qui avait voulu écraser sa
Phedre; le duc de Nevers et Mme Deshoulières
n'avaient fait que relever l'éclat de sa gloire. Le
public lui avait immolé ce même Pradon, dont on
avait essayé de faire son rival, et qui ne fut que sa
victime. Depuis quand un général est-il dégoûté du
métier de la guerre parce que dans une bataille il a
eprouvé quelques obstacles qui ont retardé de quelques instants sa victoire? Le succès de sa *Phedre*,
qui avait mis a ses pieds tous ses ennemis, ne
devait-il pas plutôt l'autoriser à tenter de nouvelles
conquêtes ? Et n'est-ce pas méconnaître absolument
le cœur humain et le caractère des poetes que de
supposer qu'un homme tel que Racine ait pu être
abattu et découragé par les efforts de l'envie qu'il

(1) *Phedre*, a qui une cabale de courtisans fit préférer pendant quelques mois la *Phedre* de Pradon.

venait d'humilier et de terrasser? N'est-ce pas con-
damner hautement ces beaux vers de Boileau :

> Le mérite en repos s'endort dans la paresse,
> Mais par les envieux un génie excité
> Au comble de son art est mille fois monté !
> Plus on veut l'affaiblir, plus il croît et s'élance
> Au Cid persécuté Cinna doit sa naissance.
> Et peut être ta plume aux censeurs de Pyrrhus
> Doit les plus nobles traits dont tu peignis Burrhus.

« .... Jamais, dans tout le reste de sa vie, l'auteur de *Phèdre* n'a laissé échapper un regret vers le
théâtre : le dépit se calme, la colère s'apaise, les
plaies d'un cœur ulcéré se cicatrisent, et alors le
naturel revient. Si Racine n'eût écouté qu'un mouvement d'orgueil et de vengeance, il ne fût pas resté
pendant vingt ans ferme et inflexible dans son aversion pour tout ce qui pouvait rappeler ses produc-
tions dramatiques; il n'eût pas témoigné constamment la plus profonde indifférence pour les monuments de sa gloire ; il n'eût pas fait sucer à ses
enfants, avec le lait, le mépris des romans et des
pièces de théâtre J'ouvre le recueil de ses lettres,
qui sont l'expression la plus naturelle de ses vrais
sentiments et la plus fidèle histoire de ses dernières
années; je ne rencontre, dans ces épanchements d'un
cœur sincère, que des traces frappantes de son
éloignement pour le théâtre et pour tout ce qui
pouvait y avoir rapport (1)... »

(1) Voir a la fin du volume la Correspondance de Racine et
de son fils.

Concluons que ce fut l'esprit religieux, une profonde et solide piété, et non pas l'orgueil, le dépit et la colère, qui l'arrachèrent à des occupations qu'il n'a cessé de regarder, pendant tout le reste de sa vie, comme coupables ou au moins sans mérite devant Dieu. Les philosophes peuvent le traiter avec dédain ; les gens sages penseront que Racine était conséquent.

La vie de la plupart des hommes est en opposition continuelle avec la religion. Racine avait l'esprit trop juste et trop solide ; il était trop éclairé, trop instruit pour admettre dans sa conduite cette contradiction grossière. Quand la religion se ranima dans son âme, il sentit qu'il lui était impossible de concilier l'esprit de l'Evangile avec l'esprit de la comédie, et quand il voulut être chrétien, il cessa d'être poete du théâtre.

« Telle est la seule raison du parti extraordinaire que prit alors Racine... »

CHAPITRE III

Nous n'avons fait, dans ce qui précède, que de tracer une esquisse rapide de la carrière dramatique de Racine; notre plan ne comportait pas de plus longs développements sur cette partie de sa vie, qui est d'ailleurs beaucoup mieux connue que celle qui nous reste à présenter à nos lecteurs. Nous allons maintenant voir Racine dans son intérieur, dans ses relations intimes avec ses amis et surtout avec sa famille et avec ses enfants. Nous retrouverons souvent encore l'homme de lettres, non plus l'auteur d'ouvrages profanes, mais l'écrivain pieux qui, en se soumettant à toute la sévérité de la morale chrétienne, a puisé dans l'Ecriture sainte des inspirations plus sublimes que ne lui en ont jamais fourni Sophocle et Euripide, et a su rendre la

poésie a sa première institution et à sa pureté ori-
ginelle.

Dans les premiers moments de sa conversion, il
fut tenté de se faire chartreux. Son confesseur le
détourna de ce dessein. « Il lui représenta qu'un
caractère comme le sien ne soutiendrait pas longtemps la solitude ; qu'il ferait plus prudemment de
rester dans le monde et d'en éviter les dangers en
se mariant à une personne remplie de piété ; que la
société d'une épouse sage l'obligerait à rompre avec
toutes les pernicieuses sociétés où l'amour du théâtre
l'avait entraîné. »

Racine suivit ce conseil. « Lorsqu'il eut pris la
résolution de se marier, dit Louis Racine dans ses
Mémoires sur la vie de son père, l'amour ni l'intérêt n'eurent aucune part à son choix : il ne con-
sulta que la raison pour une affaire si sérieuse ;
et l'envie de s'unir à une personne très-vertueuse,
que de sages amis lui proposèrent, lui fit épouser,
le 1er juin 1677, Catherine de Romanet, fille d'un
trésorier de France du bureau des finances d'Amiens.

» Suivant l'état du bien énoncé dans le contrat
de mariage, il paraît que les pièces de théâtre n'é-
taient pas alors fort lucratives pour les auteurs, et
que le produit, soit des représentations, soit de l'impression des tragédies de mon père, ne lui avait
procuré que de quoi vivre, payer ses dettes, acheter
quelques meubles, dont le plus considerable était
sa bibliothèque, estimée quinze cents livres, et mé-
nager une somme de six mille livres, qu'il employa
aux frais de son mariage. »

Le reste de sa fortune consistait dans la pension
qu'il recevait comme homme de lettres, et qui, étant,
dans l'origine, de six cents livres, ainsi que nous
l'avons vu, avait été portée a quinze cents, puis
enfin a deux mille livres. Colbert lui donna en outre
une charge de trésorier de France au bureau des
finances de Moulins; mais Louis Racine ne nous dit
pas quel était le produit de cette charge, il se con-
tente d'ajouter que la personne qu'il épousa lui apporta un revenu pareil au sien. Il reçut en outre,
à différentes époques, après son mariage, lorsqu'il
accompagnait le roi dans ses campagnes, en qualité
d'historiographe, des gratifications sur la cassette
du roi, s'elevant ensemble à la somme de trois mille
neuf cents louis, faisant quarante-deux mille neuf
cents livres (il ne faut pas oublier que le louis ne
valait alors que onze livres).

En 1690, il fut gratifié d'une charge ordinaire de
gentilhomme du roi, à condition de payer dix mille
livres à la veuve de celui dont on lui donnait la
charge; il eut enfin, comme historiographe, une
pension de quatre mille livres.

« Voilà sa fortune, ajoute Louis Racine après
avoir donné ces details : fortune qui n'a pu augmenter que par ses epargnes, autant que peut épar-
gner un homme obligé de faire des voyages con-
tinuels à la cour et à l'armée, et qui se trouve
chargé de sept enfants. »

Nous ferons remarquer ici qu'il faut doubler toutes
les sommes dont nous avons parlé, si l'on veut en
avoir une idée juste, puisque la valeur du marc

d'argent est aujourd'hui double de ce qu'elle était sous Louis XIV. Racine, dans sa plus grande prospérité, a donc pu jouir d'environ vingt ou vingt-cinq mille francs de rente de notre monnaie actuelle : fortune certainement modique pour un homme qui avait une nombreuse famille et qui était obligé de suivre la cour et de tenir un certain rang dans le monde.

« Mais, comme le dit son fils, la plus grande fortune de mon père fut le caractère de la personne qu'il avait épousée... . Il trouva dans la tendresse conjugale un avantage bien plus solide que celui de faire de bons vers. Sa compagne sut, par son attachement, faire la douceur du reste de sa vie, et lui tenir lieu de toutes les sociétés auxquelles il venait de renoncer (1) »

La femme de Racine avait beaucoup de simplicité dans le caractère; pleine de bon sens et de piété, occupée de ses devoirs, assidue dans son ménage, elle n'avait d'ailleurs aucune culture dans l'esprit. aucune notion de littérature ; unie au plus grand des poetes, elle ne savait pas distinguer une rime masculine d'une rime féminine; elle n'alla jamais au spectacle; elle connut à peine le titre des tragédies de son mari, encore ne l'apprit-elle que par hasard et pour en avoir entendu parler dans la conversation; jamais elle ne se forma une idée de son

(1) *Mémoires sur la vie de J Racine,* pubues par son fils Louis — Comme, dans cette partie de notre ouvrage, nous aurons fréquemment occasion de citer textuellement ces Mémoires, nous nous contenterons souvent de marquer ces citations par des guillemets, sans autre indication.

talent, de sa célébrité dans le monde: elle ignora
toujours qu'elle avait pour époux le premier des
auteurs du siècle; elle se contenta de savoir qu'il
était le meilleur des hommes.

Voilà la femme qu'il fallait à un homme pieux et
sensible. rassasie de gloire littéraire, affligé de
l'usage qu'il avait fait de son talent. et persuadé
que la naïveté, la bonne foi, la droiture du cœur
sont des qualités plus aimables aux yeux des hommes,
plus précieuses devant Dieu, que tous les dons de
l'esprit et de l'imagination. Ce qui est peut-être plus
étonnant, c'est qu'une bonne ménagère telle que
Catherine de Romanet, avait le désintéressement le
plus parfait. Voici a ce sujet une anecdote rapportée
par son fils. « Mon père rapportait de Versailles la
bourse de mille louis dont j'ai parlé (elle faisait
partie des gratifications sur la cassette dont il a été
question plus haut); il trouva ma mère qui l'atten-
dait dans la maison de Boileau à Auteuil. Il courut
à elle, et l'embrassant, « Félicitez-moi, lui dit-il,
voici une bourse de mille louis que le roi m'a
donnée. » Pour toute réponse, elle lui porta des
plaintes contre un de ses enfants qui ne voulait
point étudier. « Une autre fois, reprit-il, nous en
parlerons : livrons-nous aujourd'hui à notre joie. »
Elle lui représenta qu'il devait, en arrivant, faire des
réprimandes à cet enfant, et continuait ses plaintes
lorsque Boileau, présent à cette scène, et qui se
promenait à grands pas, perdit patience et s'écria ·
« Quelle insensibilité! peut-on ne pas songer à une
bourse de mille louis! »

» On peut comprendre qu'un homme, quoique passionné pour les amusements de l'esprit, préfère à une femme enchantée de ces mêmes amusements, et éclairée sur ces matières, une compagne uniquement occupée du ménage, ne-lisant de livres que ses livres de piété, ayant d'ailleurs un jugement excellent, et étant d'un très-bon conseil en toutes occasions. On avouera cependant que la religion a dû être le lien d'une si parfaite union entre deux caractères si opposés : la vivacité de l'un lui faisant prendre tous les événements avec trop de sensibilité, et la tranquillité de l'autre la faisant paraître presque insensible aux mêmes événements. On pourrait faire la même réflexion sur la liaison des deux fidèles amis (Racine et Boileau). A la vérité, leur manière de penser des ouvrages d'esprit étant la même, ils avaient le plaisir de s'en entretenir souvent; mais comme ils avaient tous deux un différent caractère, leur union constante a dû avoir pour lien la probité; puisque, comme dit Cicéron, il ne peut y avoir de véritable amitié qu'entre les gens de bien (1) »

Racine était né avec cette délicatesse, cette finesse de tact, cette politesse et cette grâce nécessaires pour plaire à la cour; s'oubliant toujours lui-même dans la conversation, il ne s'occupait qu'à faire briller les autres. « Vous croyez, disait-il à son fils aîné, que les grands me recherchent à cause de mon esprit, vous vous trompez : ils sont toujours contents de moi parce qu'ils sortent toujours de mon entre-

(1) Hoc sentio nisi in bonis amicitiam esse non posse.

(*De amicitiá.*)

tien très-contents d'eux-mêmes ; je songe moins à
leur prouver que j'ai de l'esprit qu'à leur persuader
qu'ils en ont beaucoup. »

Voici à quelle occasion il fut nommé, avec Boileau, historiographe du roi, et comment il con-
courut en même temps à la création de l'Académie
des inscriptions et belles-lettres. Lebrun avait peint
les victoires du roi dans les galeries de Versailles, et
l'on avait jugé à propos de mettre à ces tableaux des
inscriptions analogues au sujet. Charpentier, de
l'Académie française, en avait composé plusieurs,
dont l'enflure et l'emphase parurent très-ridicules
aux gens de goût. M. de Louvois les fit effacer, par
ordre du roi, et leur en substitua de plus simples
qui furent fournies par Racine et Boileau. Racine
avait surtout un esprit fin et délicat, propre à ces
sortes d'ouvrages; et ce fut lui qui imagina pour
l'orangerie de Versailles, cette ingénieuse devise :
CONJURATOS RIDET AQUILONES, *Elle brave les aquilons
conjurés*. On y découvrit un rapport très-heureux
avec la ligue des puissances de l'Europe qui se for-
mait alors contre la France.

Mais les tableaux de Lebrun, même avec leurs
inscriptions, parurent insuffisants pour étendre la
connaissance des actions du roi; Mme de Montespan
proposa de consacrer les principaux événements du
règne de Louis XIV par des médailles au bas desquelles on placerait un récit très-abrégé de l'évé-
nement. Pour exécuter ce plan d'une histoire en
médailles, Racine conseilla de choisir quelques gens
de lettres, qui composeraient une espèce d'académie

des médailles. Cette idée fut accueillie; une société, dont Racine fit naturellement partie, fut formée sous le nom de *Petite académie*; elle devint insensiblement plus nombreuse, et prit le nom d'Académie des inscriptions et belles-lettres. Ainsi Racine partagea l'honneur d'avoir fondé cette compagnie savante, dont les travaux ont été si utiles à la littérature ancienne et à l'histoire.

Une idée en amène une autre : on trouva bientôt que cette histoire en médailles, ne contenant que des récits forts courts, ne pourrait apprendre les choses qu'imparfaitement, et qu'une histoire suivie du règne tout entier serait beaucoup plus utile. « Ce projet fut agité et résolu. »

« Lorsqu'on eut pris ce parti, Mme de Maintenon proposa au roi de charger du soin d'écrire cette histoire, Racine et Boileau. Le roi accueillit la proposition et les nomma ses historiographes en 1677. »

« Mon père, dit Racine le fils, toujours attentif a son salut, regarda le choix de Sa Majesté comme une grâce de Dieu, qui lui procurait cette importante occupation pour le détacher entièrement de la poésie. Boileau lui-même parut aussi s'en détacher. Il est certain qu'il passa douze ou treize ans sans donner d'autres ouvrages en vers que les deux derniers chants du *Lutrin*, parce qu'il voulut finir l'action de ce poeme.

» Les deux poetes, résolus de ne plus l'être, continue Louis Racine, ne songèrent qu'a devenir historiens; et pour s'en rendre capables, ils passèrent d'abord beaucoup de temps à se mettre au fait de l'histoire générale de France et de l'histoire particulière du règne qu'ils avaient à écrire. Mon père, pour se mettre ses devoirs devant les yeux, fit une espèce d'extrait du *Traité de Lucien sur la manière d'écrire l'histoire.* Il fit ensuite des extraits de Mézerai et de Vittorio Siri, et se mit à lire les mémoires, lettres, instructions et autres pièces de cette nature, dont le roi avait ordonné qu'on lui donnât communication. »

Son emploi d'historiographe l'appelait, avec Boileau, à la suite des armées, pour être témoins des exploits qu'ils devaient raconter. Louis XIV, ne les ayant point vus dans sa campagne de 1677, fameuse par la prise d'un grand nombre de villes, dit à Racine : « Comment n'avez-vous pas été curieux de voir un siége ? le voyage n'était pas long. — Sire, répondit-il, nous avions commandé des habits de campagne : quand on nous les apporta, les places que Votre Majesté assiégeait étaient prises : elle est bien plus prompte a prendre des villes que nos tailleurs a faire des habits. » Les deux historiographes ne manquèrent pas de se trouver à la campagne suivante, qui fut celle de Gand. Le roi s'y opposa beaucoup. Boileau osa lui représenter qu'il devait se tenir à une plus grande distance des boulets, et le pria de ne pas l'obliger a finir si tôt une histoire dont les commencements étaient si glorieux. Le roi, qui l'écoutait avec bonté, lui demanda à son tour : « Etiez-vous loin du canon ? — Sire, je n'en étais qu'à cent pas ? — N'aviez-vous pas peur ? — Oui, Sire, je tremblais beaucoup pour votre Majesté et encore plus pour moi. »

Les gens de guerre s'égayaient quelquefois aux dépens de ces deux poetes transplantés de leur cabinet dans un camp, où ils ne pouvaient faire qu'une médiocre figure. La veille de leur départ pour la première campagne, en 1678, M. de Cavoye(1) demanda à Racine s'il avait eu l'attention de faire ferrer ses chevaux à forfait. Racine, qui ne comprenait pas la question, pria M. de Cavoye de s'expliquer. « Croyez-vous, dit le marquis, qu'on trouve partout des maréchaux a l'armee? avant de partir on fait un forfait avec un maréchal de Paris, lequel s'engage à mettre aux pieds des chevaux des fers qui dureront six mois. » Racine avoua son ignorance a cet égard : « Boileau, dit-il, ne m'en a rien dit, mais il ne songe a rien. » Il alla trouver Boileau, qui n'en savait pas plus que lui sur cet article. Tous deux allèrent chercher le plus fameux maréchal pour ces sortes de forfait ; mais ils apprirent bientôt qu'on les avait joués et qu'on faisait au roi des plaisanteries sur leur crédulité.

(1) Louis d'Oger, marquis de Cavoye, grand maréchal des logis de la maison du roi, né en 1640, fut le dernier rejeton d'une ancienne famille de Picardie. Il suivit Louis XIV dans toutes ses campagnes. Sa naissance et son rang lui procurèrent moins d'amis que son mérite. Turenne et Luxembourg sont ceux avec lesquels il fut le plus étroitement uni, il etait très-lié avec Racine, et cette familiarité explique la plaisanterie que nous rapportons ici.

C'est à toil que M. de Valincour. dans sa lettre à
l'abbé d'Olivet (*Histoire de l'Academie*, t. II),
accuse Racine et Boileau de s'être contentés du titre
et des appointements d'historiographes, sans s'embarrasser d'en remplir les fonctions · successeur de
Racine et de Boileau dans cet emploi honorable . il
devait savoir mieux que personne a quel point les
deux illustres amis s'en etaient occupes, puisqu'il
était dépositaire de leurs manuscrits, ils ont tous
péri dans l'incendie qui devora sa maison de Saint-
Cloud, en 1726 M de Valincour. n'ayant jamais
rien composé lui-même en son genre, quoique seul
chargé de ce travail apres la mort de Boileau et de
Racine, a voulu sans doute se justifier en accusant
ces deux grands ecrivains de la négligence dont il
était seul coupable : supercherie indigne d'un homme
qui avait eu l'honneur d'être lié très-etroitement
avec eux (1). Il est probable que les morceaux d'histoire composes par Boileau et Racine n'etaient pas
d'une impartialite bien sévère, puisqu'ils les lisaient
au roi; mais il serait absurde de penser que ces
deux biographes n'avaient pas assez de talent pour

(1) J -B. du Trousset de Valincour était entre, en 1684, sous
les auspices de Bossuet, dans la maison du comte de Toulouse
C'etait un de ces demi-seigneurs, demi gens de lettres qui, n'e-
tant pas assez lettrés pour frayer avec les grands, et n'ayant pas
assez de talent pour rivaliser avec les Corneille les Boileau
les Racine, voulaient jeter le rôle d'auteurs auprès des gens de
qualité, et celui d'hommes de qualite auprès des auteurs. Il
prospéra cependant dans le commerce de Racine et de Boileau,
gagna leur amitié et leur succeda en qualité d'historiographe

écrire les actions du roi ou négligeaient ce moyen de lui faire la cour.

On doit beaucoup regretter la perte des morceaux historiques que Racine avait composés; et c'est un malheur beaucoup plus grand encore pour notre littérature que, borné aux actions de Louis XIV, il n'ait pas fait une histoire générale de la France. Lui seul était capable d'égaler les anciens dans ce genre, et de donner à la nation un Tite-Live, après lui avoir donné un Euripide. Son jugement exquis, son imagination brillante, son goût delicat, cette élégance, cette grâce, cette harmonie qu'on remarque dans sa prose, la profondeur et l'énergique précision qu'on admire dans les imitations de Tacite dont il enrichit sa tragédie de *Britannicus*, promettaient un historien tel que nous n'en aurons peut-être jamais. Ce qui peut encore augmenter les regrets, c'est que le *Mercure de France* de 1677 nous apprend que c'était l'attente générale du public, et que, lorsqu'il ne fut plus possible de douter que Racine renonçait au théâtre, on cherchait à se consoler par l'espoir de trouver un historien en perdant un poete. Ce qui est assez singulier, c'est que le journaliste éleva la voix et sembla vouloir empiunter un style poétique pour annoncer la perte que faisait la poésie. « C'est un biuit, dit-il, qui se confiime, qu'un de nos plus célèbres auteurs renonce au théatre pour travailler à l'histoire Il semble qu'il ne se soit attaché quelque temps a faire les poitraits des héros de l'antiquite que pour essayer son pinceau, préparer ses couleuis, et peindre ceux d'aujouid'hui avec une plus vive ressemblance.... Heureux celui qui doit y travailler avec lui (Boileau)! Heureux les froids écrivains, les méchants poetes et les ridicules dont ce redoutable et fameux écrivain n'aura plus le loisir d'attaquer les défauts dans ses charmantes lettres! »

CHAPITRE IV

La sévérité des principes qui régla la conduite de Racine depuis son mariage, n'ôta rien à la douceur de ses mœurs, mais elle l'éloigna entièrement de tous les objets de dissipation et de séduction qui composent ce qu'on appelle la vie des gens du monde. Dès qu'il eut cessé de travailler pour le théâtre, il ne parut plus aux spectacles. Il se reprocha jusqu'à la fin de sa vie les ouvrages qu'il avait faits pour la scène ; jamais il n'en parlait dans sa famille, si ce n'est pour témoigner le regret qu'il avait de ne pouvoir les anéantir. Aussi refusa-t-il constamment de revoir les épreuves de ses œuvres, qui furent imprimées à partir de 1677. Boileau, sans lui rien dire,

se chargeait de les examiner. Enfin, à force de sol-
licitations et d'adresse, le libraire obtint de Racine
lui-même qu'il jetât les yeux sur un exemplaire; et
la tendresse paternelle pour ses vers, que toute sa
piété n'avait pu entièrement étouffer, lui dicta plusieurs corrections; mais le remords d'une pareille
faiblesse détermina dans la suite Racine à brûler cet
exemplaire: et son fils aîné, chargé de ce ministère rigoureux, n'eut pas le loisir de prendre une
connaissance exacte de ses corrections; il put seulement remarquer qu'elles etaient beaucoup plus
nombreuses dans le premier volume que dans le
second.

On peut juger par ce trait combien il se repro-
chait des ouvrages que tout le monde admirait; non-
seulement il n'en parlait jamais, comme nous l'avons
dit, mais il évitait tout ce qui pouvait lui en rappeler le souvenir. Appelé à la cour pour y donner
des leçons de déclamation a une jeune princesse,
dès qu'il vit qu'il était question de lui faire répéter
quelques morceaux d'*Andromaque*, il pria instamment qu'on voulût bien le dispenser d'une pareille
fonction, quoiqu'on lui eût assuré qu'il ferait grand
plaisir au roi s'il consentait à s'en charger. Ainsi cet
homme, que ses ennemis ont souvent accusé d'être
un courtisan servile, fit voir dans cette occasion qu'il
ne cherchait jamais à plaire par des moyens qui
répugnaient à sa conscience. On peut donc dire avec
son fils, que « si l'on entend par courtisan un homme
qui ne cherche qu'a mériter l'estime de son maître,
il l'était; si l'on entend un homme qui, pour arriver

à ses vues, est savant dans l'art de la dissimulation et de la flatterie, il ne l'était point. »

Non, Racine n'était pas courtisan par caractère ; mais alors l'esprit général était courtisan, comme ensuite il fut improbateur. Tout est mode, surtout parmi nous, et toutes les modes passent et se renouvellent en parcourant le cercle de l'inconstance et du temps. C'est d'ailleurs, comme l'observe judicieusement Laharpe, un esprit particulier que celui de la cour, et naturellement rien n'est plus opposé au génie des arts et des lettres que cette réserve habituelle qui réprime tous les premiers mouvements, cette complaisance souple qui se plie à toutes les contraintes, et cette attention à ne chercher dans chaque objet qu'une occasion de plaire. Cette manière d'être, toute factice, ne peut guère se contracter que par l habitude et l'exemple de tous les jours, et pas la préoccupation d'un seul intérêt. Racine, quoiqu'il parût à la cour, vivait dans son cabinet et dans sa famille, comme nous le verrons bientôt.

Un homme de beaucoup d'esprit peut, au besoin, tourner mieux que personne un compliment flatteur, et plusieurs mots de Racine et même de Boileau, cités partout, en sont la preuve. Mais un courtisan saura placer vingt fois le jour un compliment agréable. La supériorité du talent ne peut descendre à cette perfection, et l'esprit accoutumé à penser ne s'occupe par uniquement de plaire. Louis XIV d'ailleurs ne l'exigeait pas des artistes et des gens de lettres qu'il appelait auprès de lui, il savait goûter leur esprit tel qu'il était et devait être. Celui de

Racine lui plaisait beaucoup : non-seulement il lui
donna les entrées et un appartement au château, ce
qui pouvait n'être qu'une distinction ; mais ce qui
était une préférence de sa part, pendant une maladie
qu'il eut, il fit coucher Racine dans une chambre
voisine de la sienne ; et les titres d'historiographe et
de gentilhomme ordinaire n'auraient pas suffi pour
obtenir ce privilége, si le roi n'avait pas senti l'agré-
ment et même le fruit dont pouvait être pour lui la
société de Racine. Ce prince avait peu lu et aimait
peu la lecture ; il voulut alors que Racine lui servît
de lecteur ; et le poete s'en acquitta si bien, qu'un
jour, en lui lisant Plutarque dans la version d'Amyot,
et substituant sur-le-champ des tournures nouvelles
aux phrases surannées, il fit disparaître à l'oreille du
roi tout le *gaulois* que ce prince avait craint d'y
trouver.

On convient que personne de son temps ne lisait,
ne récitait, ne déclamait mieux que lui. Il forma
Baron et Champmêlé, et ce fut lui qui établit
au théâtre le bon goût de la déclamation. Ses contemporains rapportent que, lisant dans une société
l'*OEdipe* de Sophocle dans l'original, et le tra-
duisant d'abondance, il se passionna si vivement,
que les assistants avouèrent n'avoir jamais éprouvé,
même au théâtre, une plus forte émotion.

Il avait de l'aménité dans le commerce de la vie,
quoique avec beaucoup de ce penchant à la raillerie,
que les hommes supérieurs par le talent doivent
régler avec autant de soin que les princes et les
grands. On ne saurait trop émousser les traits qui

tombent de haut, et la gaieté la plus innocente ne l'est plus si elle peut blesser même en faisant rire. Racine se défendit d'autant plus de la raillerie qu'il y avait plus de disposition et qu'il y excellait. Ses épigrammes sont d'une tournure très-piquante et d'une malice très-fine : elles sont gaies, comme celles que l'on fait sans colère et sans haine et avec le sentiment de sa force. Il en fit peu : les mauvais écrivains en font beaucoup où la malignité est grossière ; elles ne peuvent être ni gaies ni fines ; l'impuissance et l'envie sont tristes, même en faisant du mal.

Ce ne fut pas seulement parce qu'il avait trop bon goût et l'âme trop élevée, mais parce qu'il était pénétré des sentiments de la charité chrétienne que Racine travailla sur lui-même au point de se guérir complétement de ce penchant dangereux pour la raillerie. Boileau lui avait donné à ce sujet une leçon dont il profita. Un jour qu'il raillait trop vivement et depuis trop longtemps son ami, celui-ci lui dit enfin : « Avez-vous eu envie de me fâcher? — Dieu m'en garde! — Eh bien, vous avez donc tort, car vous m'avez fâché ! »

Quelques esprits *indépendants*, à qui peut-être il n'a manqué, pour être flatteurs, que des souverains qui voulussent écouter leurs flatteries, ont reproché a Racine, à Molière, à Boileau d'avoir trop fréquenté la cour et d'avoir consacré leurs travaux à l'éloge de Louis XIV. Eh! où donc est le crime d'avoir recherché souvent l'entretien d'un prince qui comblait à la fois le mérite et de distinctions

et de largesses; qui, au milieu des pénibles
soins du trône, disait à Boileau : « Souvenez-vous
que j'aurai toujours une demi-heure a vous donner?» Où est le crime d'avoir loué un monarque
que ses plus cruels ennemis ont jugé louable a tant
d'egards: dont les travaux ont à jamais illustré la
France; qui a donné son nom à son siècle; dont les
distractions avaient un caractère de grandeur, et nous
ont valu *Esther*, *Athalie*, *le Misanthrope*, *le Bourgeois
gentilhomme*, et tous les chefs-d'œuvre des Quinault,
des Lulli, des Lebrun, des Mansard et des Girardon?

Il suffit d'observer avec quelque réflexion la conduite de Racine pendant les vingt dernières années
de sa vie, pour être convaincu que la cour ne l'avait
point rendu ambitieux, que le commerce des grands
et même de Louis XIV ne l'avait point enorgueilli,
et que les devoirs de ses places, la reconnaissance
pour un roi son bienfaiteur et l'intérêt d'une famille
nombreuse étaient les seuls liens qui l'attachassent a
la cour. On voit, dans celles de ses lettres où le cœur
parle et n'a nul intérêt a tromper, que, sans ces
motifs respectables, il aurait voulu la quitter absolument, et que s'il eût vécu plus longtemps, sa retraite
aurait précédé celle de son ami Despréaux (1). Quand
il avait séjourné quelque temps à la cour, sa plus
grande satisfaction était de revenir au sein de sa
famille goûter ces plaisirs domestiques si purs et si
chers à son cœur, car il était le meilleur des époux
comme le plus tendre des pères; il préférait la société
de sa femme et de ses enfants aux assemblées les plus

(1) Voir sa Correspondance avec son fils, a la fin du volume.

brillantes; et quand il prenait ses repas avec sa famille, « il faisait, disait-il, meilleure chère qu'aux tables des grands »

Il revenait un jour de Versailles pour goûter ce plaisir, lorsqu'au moment de se mettre a table, arrive un écuyer de M. le Duc (1), qui lui dit de la part de son maître qu'on l'attend à dîner à l'hôtel de Condé. Racine, quoique flatté de l'invitation, déclare qu'il lui est impossible de se rendre auprès de Son Altesse en ce moment. « Il y a huit jours, dit-il, que je n'ai vu ma femme et mes enfants, qui se font une fête de manger aujourd'hui avec moi une très-belle carpe; je ne puis me dispenser de dîner avec eux. — Mais, Monsieur, reprit l'écuyer, vous ne songez pas qu'il y a chez M. le Duc une compagnie nombreuse qui se fait aussi une fête de vous avoir à dîner : Son Altesse sera très-mortifiée de votre refus. » Alors Racine se fait apporter la carpe, qui valait environ un écu, comme un dernier argument plus capable de toucher l'écuyer. « Voyez, monsieur, lui dit-il, et jugez vous-même si je puis me dispenser de dîner avec ces pauvres enfants qui ont voulu me régaler aujourd'hui, et qui ne pourront jamais se résoudre à manger ce plat sans moi; aurais-je le courage de les chagriner? Faites valoir, je vous prie, cette raison a M. le Duc, il y sera sensible. » En effet, ce prince rit beaucoup de la carpe, et ne

(1) Henri Jules de Bourbon, prince de Condé, fils du grand Condé, né en 1643 et mort en 1709 Pendant la vie de son père, on l'appelait M. le Duc C'était un prince très-éclairé, aimant les gens d'esprit et en ayant beaucoup lui-même.

put s'empêcher d'admirer la bonté et la simplicité de Racine.

Il faut avoir été père pour pouvoir dire son avis sur les prétendues petitesses de l'amour paternel. Racine, le grand Racine ne rougissait point de devenir enfant avec ses enfants. « En présence même d'étrangers. dit son fils dans ses Mémoires, il osait être père, » il causait souvent avec eux. entrait dans leurs petits intérêts, prenait part à leurs jeux, bâtissait avec eux de petites chapelles , « et je me souviens, dit Louis Racine, de processions dans lesquelles mes sœurs étaient le clergé, j'étais le curé, et l'auteur d'*Athalie*, chantant avec nous, portait la croix. » Ces détails naïfs, loin d'affaiblir la gloire de Racine, ne servent qu'à faire aimer davantage le caractère de celui dont on admire les écrits ; et le grand homme ne s'attire que plus de respect, quand on trouve en lui l'homme simple et le bon père. L'éducation chrétienne de ses enfants était sa grande affaire. Tous les jours, Racine faisait la prière en commun avec sa femme, ses enfants et ses domestiques. Il lisait ensuite l'évangile du jour, que souvent il expliquait par une courte exhortation proportionnée à l'intelligence de ses auditeurs, « et prononcée avec cette âme qu'il donnait à tout ce qu'il disait. »

Après la société de sa femme et de ses enfants, Racine ne trouvait pas de plus doux délassement que la société de ses amis. Auteuil était pour lui un séjour bien plus délicieux que Versailles. C'était dans « ce Tibur de son cher Horace, » comme dit Louis

Racine, que son père, avec des gens de lettres
choisis, oubliait les affaires et les intrigues de la
cour ; c'est la qu'il se livrait à une gaîté innocente,
au milieu de ce qu'il y avait de plus distingué en
France par l'esprit et les talents. Cette union respec-
table ne pouvait avoir d'autre fondement que la simplicité, la modestie et la vertu de ces hommes raies,
qui s'estimaient sans se craindre, et ne voyaient dans
leurs rivaux que des gens aimables et d'honnêtes
gens.

Les amis particuliers de Racine, outre Boileau le
plus intime de tous . étaient les ecrivains les plus
celèbres de son temps : Bourdaloue, La Bruyère,
Rapin, Bouhours, Bernier, Nicole, La Fontaine,
etc., etc. De pareils noms seuls suffiraient pour faire
l'eloge de celui qu'ils jugeaient digne de leur
amitié.

CHAPITRE V

Quand on connaît le pouvoir de la religion, quand on sait à quel point Racine était pénétré des principes de l'Évangile, on n'est plus étonné de son indifférence et de son aversion pour les vers profanes : il eût voulu effacer ses tragedies de sa mémoire et de celle de tout le monde ; il était honteux et affligé de ce qui fait sa gloire littéraire. Toute sa crainte était d'avoir un fils qui voulût être poete et surtout poete dramatique. Il faut lire ce qu'il écrit à son fils aîné sur ce sujet et sur la fréquen-

tation du théâtre (1), pour être convaincu de la réa-
lité des sentiments de Racine à cet égard.

Cependant Mme de Maintenon eut assez d'empire
sur lui pour le faire revenir pendant quelque temps
à la poésie et au théâtre ; mais il les sanctifia l'un
et l'autre par le sujet et par le motif : il tira ses
tragédies de l'Ecriture sainte. *Esther* et *Athalie*
prouvent que Racine, en perdant l'habitude des vers,
n'en avait pas perdu le talent, et que ce n'était
point par impuissance qu'il avait quitté la scène. Un
repos de dix à douze ans n'avait servi qu'à donner
un nouvel elan à sa verve; la piété avait encore
enflammé son enthousiasme, et ses plus beaux vers
sont ceux que la religion lui a inspirés.

Avant Mme de Maintenon, M. le marquis de Sei-
gnelay avait eu le premier l'honneur de rendre
Racine à la poésie française, en l'invitant à composer
une idylle pour une fête qu'il donnait au roi dans
sa maison de Sceaux, en 1685; mais la littérature a
de bien plus grandes obligations à Mme de Maintenon,
qui rendit Racine à la poésie dramatique et lui fit
couronner toutes ses tragedies par deux chefs-
d'œuvre. Cette illustre fondatrice de Saint-Cyr, vou-
lant procurer aux jeunes demoiselles confiées à ses
soins l'éducation la plus brillante, se persuada que
rien n'était plus propre à leur donner des grâces et
une honnête assurance, à cultiver leur esprit et leur
mémoire, que des représentations théâtrales. Et en
cela peut-être sa prudence et ses lumières se trouvèrent en défaut; quelque précaution que l'on prenne

(1) Voir sa Correspondance à la fin du volume

pour rendre cet exercice innocent, il a souvent pour
de jeunes demoiselles plus d'inconvenients que
d'avantages. Mme de Maintenon elle-même fut obligée
d'y renoncer, d'après les réclamations qui s'elevèrent
de toutes parts contre un amusement en général
peu convenable à un sexe que la nature n'a pas
destiné à paraître en public. Elle avait essayé d'abord
de faire représenter aux demoiselles de Saint-Cyr la
tragedie d'*Andromaque*, mais elle en sentit promptement le danger. « Nos petites filles viennent de
» jouer votre *Andromaque*, et l'ont si bien jouée
» qu'elles ne la joueront de leur vie, ni aucune autre
» de vos pieces. » — « Elle le pria dans cette même
lettre, dit Mme de Caylus dans ses *Souvenirs*, de lui
faire, dans ses moments de loisirs, quelque espèce
de poeme moral ou historique dont l'amour fût entièrement banni, et dans lequel il ne crût pas que
sa réputation fût intéressée, parce que la pièce reste-
rait ensevelie à Saint-Cyr, ajoutant qu'il lui im-
portait peu que cet ouvrage fût contre les règles,
pourvu qu'il contribuât aux vues qu'elle avait de
divertir les demoiselles de Saint-Cyr en les instrui-
sant. Cette lettre jeta Racine dans une grande agita-
tion. Il voulait plaire à Mme de Maintenon ; le refus
était impossible à un protégé, et la commission
délicate pour un homme qui comme lui avait une
grande réputation à soutenir. Despréaux, qu'il alla
consulter, decida brusquement qu'il fallait refuser.
Ce n'était pas le compte de Racine. Enfin, après un
peu de reflexion, il trouva dans le sujet d'Esther
tout ce qu'il fallait pour remplir le désir de Mme de

Maintenon. Despréaux lui-même en fut enchanté, et l'exhorta à travailler avec autant de zèle qu'il en eut pour l'en détourner.

« Racine ne fut pas longtemps sans porter à Mme de Maintenon non-seulement le plan de sa pièce (car il avait coutume de les faire en prose, scène pour scène, avant d'en faire les vers), il porta le premier acte tout fait. Mme de Maintenon en fut charmée.... Les chœurs que Racine, à l'imitation des Grecs, avait toujours en vue de remettre sur la scène, se trouvaient placés naturellement dans *Esther* : et il était ravi d'avoir eu cette occasion de les faire connaître et d'en donner le goût (1)... »

Esther fut représentée à Saint-Cyr le 20 janvier 1689; elle ne parut jamais sur la scène française du vivant de l'auteur. Dans les premières éditions qui en furent faites, quoique *Esther* porte le titre de tragédie, elle n'est point intitulée ainsi dans le privilége du roi; et il serait injuste de la juger comme telle, bien que les sentiments. la diction et la plupart des caractères en soient véritablement tragiques. Du reste, telle qu'elle est, elle obtint un succès prodigieux. « Le roi, dit un auteur du temps, n'y mena pour la première fois que les principaux officiers qui le suivaient à la chasse. La seconde fut consacrée aux personnes pieuses. » — « Aujourd'hui, disait Mme de Maintenon, on ne jouera que pour les saints. » Ensuite les courtisans y furent admis, selon le degré de faveur dont ils jouissaient. L'honneur d'y assister devint l'ambition de tous.

(1) *Souvenirs* de Mme la comtesse de Caylus.

« On y porta un degré de chaleur qu'on ne comprend pas. car il n'y eut ni petit ni grand qui n'y
voulût aller; et ce qui devait être regardé comme
une comédie de couvent, devint l'affaire la plus
sérieuse de la cour. » Mme de Sévigné, qui y fut
admise, en parle en ces termes : « Le roi et toute
la cour sont charmés d'*Esther*. M. le Prince y a
pleuré.... Enfin c'est un chef-d'œuvre de Racine....
Il s'est surpassé, dit-elle ailleurs, il est pour les
choses saintes comme il était autrefois pour les
profanes. La sainte Écriture est suivie exactement;
tout est beau, tout est grand, tout est écrit avec
dignité (1). »

Une circonstance qui contribua le plus peut-être
à la vogue et au succès d'*Esther*, ce furent les allusions auxquelles cette pièce donna lieu. Le théâtre, en
France et plus particulièrement à la cour, est un
éternel sujet d'applications et d'allusions Les spectateurs en trouvent souvent là même où l'auteur n'en
a pas prévu. Il faut donc, en général, se défier de tous
les récits faits sur ces matières. Toutefois il est assez
constant que, dans cette pièce, Racine eut en vue

(1) Il est permis de croire que Mme de Sévigné, malgré l'éloge
qu'elle donne à Racine, fut encore plus sensible à l'invitation du
roi qu'aux beautés de l'ouvrage. Elle ne prouve que trop, dans ses
lettres dont la lecture est d'ailleurs si remplie de charmes, combien peu elle sentait le mérite de ce grand poete. Au reste
Mme de Sévigné n'a jamais écrit que *Racine passerait comme
le café*, et l'auteur sur la foi duquel Laharpe, l'abbé de Vaux-
celles et Suard ont répété ce mot, ne lui a jamais rien prêté de
semblable.

quelques allusions, ou du moins qu'il ne protesta point contre celles qui furent faites.

Athalie, composée pour Saint-Cyr comme *Esther*, eut un sort bien différent. L'envie, marquée d'un faux zèle, en empêcha la représentation. Ecoutons à ce sujet Mme de Caylus · « Le grand succès d'*Esther* mit Racine en goût ; il voulut composer une autre pièce plus conforme aux règles que la première, et le sujet d'*Athalie* lui parut un des plus beaux qu'il pouvait tirer des Ecritures saintes. Il y travailla sans perdre de temps; et l'hiver suivant cette nouvelle pièce se trouva en état d'être représentée; mais Mme de Maintenon reçut de tous côtés tant d'avis et tant de représentations de la part de personnes qui en cela agissaient de bonne foi, et de la part des poetes jaloux de Racine, qui, non contents de faire parler les gens de bien, écrivirent plusieurs lettres anonymes, que la représentation sur le théâtre de Saint-Cyr n'eut pas lieu. On disait à Mme de Maintenon qu'il était honteux à elle de faire monter sur un théâtre des demoiselles rassemblées de toutes les parties du royaume pour recevoir une éducation chrétienne, et que c'était mal répondre à l'idée que l'établissement de Saint-Cyr avait fait concevoir...

» Le lieu, le sujet des pièces et la manière dont les spectateurs s'étaient introduits à Saint-Cyr, devaient justifier Mme de Maintenon, et elle aurait pu ne pas s'embarrasser de discours qui n'étaient fondés que sur l'envie et la malignité, mais elle pensa differemment, et arrêta ces spectacles dans le

temps que tout était prêt pour jouer *Athalie*. Elle
fit seulement venir à Versailles, une fois ou deux,
les actrices pour jouer dans sa chambre devant le roi
avec leurs habits ordinaires. *Cette pièce est si belle,
que l'action n'en parut pas refroidie...* » Ce jugement de Mme de Caylus, que la postérité a confirmé,
ne fut pas celui de la plupart des contemporains.
Racine fit imprimer sa pièce. « Mais, ô injustice
scandaleuse et vraiment inexplicable ! s'écrie un
des biographes de Racine ; ce chef-d'œuvre, au-
dessus duquel il n'y a rien, ni chez les anciens, ni
chez les modernes, ne trouva point de lecteurs ! Que
dis-je ? s'il faut en croire certains mémoires du temps,
dans quelque société de soi-disant beaux esprits, on
en prescrivait la lecture pour *pénitence !* » Tant les
jugements des contemporains sont souvent bizarres
et passionnés !

On ne saurait en vérité se défendre d'une affliction
profonde en songeant que Racine est mort avec le
chagrin de voir son siècle méconnaître cette œuvre
immortelle. En vain Boileau lui répétait : « C'est
votre meilleur ouvrage, le public y reviendra. » Peu
s'en fallut que Racine ne crût avoir survécu à son
génie, comme Pierre Corneille La voix de Boileau,
si bien entendue de la postérité, ne fut point écoutée
du vivant de son ami. Le succès d'*Athalie*, composée
en 1691. ne commença qu'en 1716, dix-sept ans après
la mort de l'auteur ; mais depuis ce temps. ce succès
s'est accru et propagé chaque jour, et l'on trouve
que Voltaire n'en a peut-être pas dit assez, quand
il a proclamé *Athalie* « l'ouvrage le plus approchant

de la perfection qui soit jamais sorti de la main des hommes (1) »

Racine le fils, après avoir raconté les diverses phases qu'eut à subir *Athalie* pour être convenablement appréciée, ajoute : « Voilà quel fut le sort de cette fameuse tragédie, qui, du côté de l'intérêt, n'ayant rien produit à l'auteur ni à sa famille, a été si utile depuis aux libraires et aux comediens ; et du côté de la gloire, en a acquis une si éloignée du temps de l'auteur, qu'il n'a jamais pu la prévoir. Il était heureusement détaché depuis longtemps de l'amour de la gloire humaine ; il en devait connaître mieux qu'un autre la vanité. *Bérénice* dans sa naissance fit plus de bruit qu'*Athalie* ..

» Dégoûté plus que jamais de la poésie par le malheureux succès d'*Athalie*, et résolu de ne plus s'occuper de vers, il fit la campagne de Namur, où il suivit de près toutes les opérations du siége, ne songeant plus qu'à être historien. »

(1) A cette occasion, nous croyons devoir reproduire une anecdote curieuse rapportée par Laharpe. Quand le célèbre Lekain vint, à dix-huit ans, chez Voltaire, faire devant lui l'essai de son talent comme acteur tragique, il voulut d'abord lui réciter le rôle de Gustave. « Non, non, dit le poete, je n'aime pas les mauvais vers. » Le jeune homme lui offrit alors de répeter la premiere scène d'*Athalie*, entre *Joad* et *Abner* Voltaire l'ecoute, et l'ouvrage lui faisant oublier l'acteur, il s'ecrie avec transport « Quel style ! quelle poésie ! et toute la piece est écrite de même ! Ah ! monsieur, quel homme que Racine ! » C'est Lekain qui rapporte, dans ses Memoires, ce fait, dont il fut d'autant plus frappé, que, dans ce moment, il aurait bien voulu que Voltaire s'occupât un peu plus de lui et un peu moins de Racine.

Cependant, si Racine s'éloignait de toute espèce
de composition dramatique, il n'avait pas, comme
le dit son fils, entièrement abandonné la poésie;
car, en 1694, il composa, pour la maison de Saint-
Cyr, des *Cantiques spirituels*, qui sont sa dernière
production poétique : on les a, à juste titre, appelés
le chant du cygne. Fénelon n'en parlait qu'avec enthousiasme, et voici ce qu'en dit l'illustre prélat dans
une lettre adressée à un de ses amis :

« Que ces cantiques sont beaux ! qu'ils sont admirables, tendres, naturels, pleins d'onction ! Ils élèvent
l'âme, et la portent où l'auteur l'a voulu porter,
jusqu'au ciel, jusqu'à Dieu. J'augure un grand bien
de ces cantiques, autorisés par l'approbation du
monarque, et de son goût, qui sera le goût de tout
le monde. Je regarde l'auteur comme l'apôtre des
Muses et le prédicateur du Parnasse, dont il semble
n'avoir appris le langage que pour leur prêcher en
leur langue l'Evangile et leur annoncer le Dieu
inconnu. Je prie Dieu qu'il bénisse sa mission, et
qu'il daigne le remplir de plus en plus des vérités
qu'il fait passer si agréablement dans les esprits des
gens du monde. »

Le roi, effectivement, aimait beaucoup ces cantiques, et il les fit exécuter plusieurs fois en sa
présence. Le sujet du troisième est la *Plainte d'un
chrétien sur les contrariétés qu'il éprouve en dedans
de lui-même.* Quand Louis XIV entendit chanter pour
la première fois la strophe suivante de ce cantique :

Mon Dieu ! quelle guerre cruelle !
Je trouve deux hommes en moi .

L'un veut que, plein d'amour pour toi,
Mon cœur te soit toujours fidèle ;
L'autre, à tes volontés rebelle,
Me révolte contre ta loi,

il se tourna vers Mme de Maintenon en lui disant :
« Madame, voilà deux hommes que je connais
bien. »

Racine était naturellement mélancolique avec lui-
même, quoique fort doux avec les autres. Il avait
l'âme tendre; il recherchait les émotions tristes ou
religieuses, plutôt que celles de la joie. « Cette trop
grande sensibilité abrégea ses jours, » dit Louis
Racine. Voici à quelle occasion.

Comme la faveur dont Louis XIV honorait le premier de nos poetes, n'était ni le fruit du caprice, ni
le prix d'une basse adulation, elle se soutint longtemps. Une circonstance imprévue vint malheureusement l affaiblir. C'était en 1697, quelque temps
après la paix de Riswick. Dans un de ces entretiens
intimes que Mme de Maintenon accordait souvent à
Racine, et où elle se plaisait à causer avec lui de
différents sujets, la conversation tomba sur la misère
du peuple, épuisé par de longues guerres. Racine
répondit que cette misère pourrait être soulagée par
ceux qui occupaient les premières places, si on avait
soin de la leur faire connaître. « Il s'anima sur cette
réflexion, dit son fils ; et comme pour les sujets qui
l'animaient il se passionnait avec cet enthousiasme
dont j'ai parlé, qui lui inspirait une eloquence en-
traînante, il charma Mme de Maintenon, qui lui dit
que puisqu'il faisait des observations si justes et sur-

le-champ, il devait les méditer encore et les rédiger
en forme de mémoire, promettant que l'écrit ne sor-
tirait pas de ses mains. » Racine y consentit, non
point par une complaisance de courtisan, et bien
moins encore dans une vue ambitieuse—la conduite
de toute sa vie repousse cette accusation,—mais dans
l'unique dessein d'être utile.

Au bout de quelques jours, il remit donc à Mme de
Maintenon ce mémoire, aussi solidement raisonné
que bien écrit. Elle le lisait, lorsque le roi, entrant
chez elle. le prit, et, après en avoir parcouru quelques lignes, lui demanda avec vivacité le nom de
l'auteur. Elle répondit qu'elle avait promis le secret.
le roi insista en termes si précis, qu'il fallut obéir.
L'auteur fut nommé.

Peut-être la leçon était un peu trop directe,
puisque Louis s'en offensa. « J'aime beaucoup,
disait un jour ce prince à un prédicateur qui l'avait
apostrophé personnellement, j'aime beaucoup, mon
Père, à prendre ma part d'un sermon, mais je
n'aime pas qu'on me la fasse. » Louis XIV avait-il
besoin d'ailleurs qu'on lui exposât si vivement la
misère du peuple, lui qui, bien que victorieux de
tous côtés, « venait, dit Torcy, le neveu du grand
Colbert, de précipiter la paix de Riswick par
le seul besoin de soulager le royaume ? » Mais peut-
être aussi, et cette conjecture est la plus vraisem-
blable, le roi fut-il blessé seulement de voir un
homme de lettres, sortant de la sphère exclusivement assignée alors à chaque profession, vouloir se
mêler des affaires du gouvernement. Voici en effet

quelles furent ses paroles : « Parce qu'il sait faire parfaitement des vers, croit-il tout savoir? et parce qu'il est grand poete, prétend-il être ministre? »

Si l'on se reporte à ce qu'était alors l'état social, aux usages, aux convenances, aux devoirs particuliers a chaque classe et à chaque individu, on conçoit que la sévérite du roi dut paraître toute naturelle; mais qu'elle doit nous sembler *barbare*, à nous qui, dans notre siècle *de lumieres*, avons vu, non-seulement des poetes qui n'étaient pas des Racine, mais jusqu'a des histrions, s'arroger le droit de gouverner la France et de regenter leur souverain !

Mme de Maintenon fut consternée de la réponse de Louis XIV; elle se hâta de faire instruire l'auteur du memoire d'un si facheux incident, et en même temps lui fit donner avis de ne pas se présenter chez elle sans y être mandé. Ce fut un coup de foudre pour un homme aussi sensible que Racine Quel fruit de son travail et de ses bonnes intentions ! Il se crut perdu dans l'esprit du roi; il tomba dans une profonde mélancolie ; et l'on peut raisonnablement attribuer au saisissement qu'il éprouva, une fièvre assez violente dont les médecins se hâtèrent trop de le guerir par un usage immodéré de quinquina. L'humeur, comprimée par l'activité de ce remède, se jeta vers la région du foie, et s'ouvrit un passage par un abcès qui rendait de temps en temps quelque matière. Les médecins traitèrent l'abcès aussi légèrement qu'ils avaient traité la fièvre. Racine, tranquillisé sur sa santé, se rendit à Versailles, où

il était appelé par l'intérêt de sa famille. Déjà fort
gêné par le paiement de sa charge de secrétaire du
roi, il se trouvait presque dans l'impossibilité de
payer une taxe nouvelle qu'on venait de mettre sur
toutes les charges de cette espèce. Il avait lieu d'espérer que le roi aurait pour lui la même indulgence
qu'en 1685; obligé alors, en qualité de trésorier
de France, de payer une contribution de quatre
mille francs, Louis XIV lui avait fait rendre cette
somme; mais les temps étaient changés.

Le roi lut le placet dans lequel Racine exposait
sa situation et demandait une exception de la taxe;
son premier mouvement fut de répondre : « Cela
ne se peut pas. » Mais comme il avait coutume
d'adoucir le refus par quelque mot obligeant, il
ajouta d'un ton plein de bonté : « S'il se trouve dans
la suite quelque occasion de le dédommager, j'en
serai fort aise. » Racine, à qui l'on rapporta cette
réponse, fut consterné du refus et très-médiocre-
ment consolé par l'adoucissement; il n'y vit qu'une
disgrâce complète. Ne pouvant résister au trouble
de son imagination, il écrivit à Mme de Maintenon,
sa protectrice, laquelle n'était pas aussi fort con-
solante. Ce n'est pas que, lorsqu'il lui arrivait de
le rencontrer (car elle n'osait plus le voir chez elle),
cette dame ne cherchât à relever, par de belles pro-
messes, son esprit abattu. « Laissez passer le nuage,
disait-elle; c'est moi qui ai fait le mal, c'est
à moi de le réparer. Il y va de mon honneur de
vous remettre mieux que jamais dans l'esprit du
roi; mais il faut attendre le moment favorable. »

Les hommes spirituels et sensés sont moins disposés que les autres à se faire illusion ; les sots ont un grand avantage, celui de ne pas prévoir le mal et de ne pas le sentir aussi vivement lorsqu'il arrive. Racine connaissait le roi et la cour; il connaissait Mme de Maintenon et son extrême prudence. Racine avait donc peu d'espérance, et il ne pouvait dissimuler son désespoir à Mme de Maintenon. « Mais d'où vient cette défiance? lui disait-elle un jour qu'elle l'avait rencontré dans le jardin de Versailles. Doutez-vous de mon cœur ou de mon crédit? — Non, madame, je sais combien le roi vous aime, et quelle bonté vous daignez avoir pour moi ; mais vous ne savez peut-être pas que j'ai une tante religieuse, dont les sentiments à mon égard sont bien différents des vôtres : cette sainte fille est persuadée que la cour me perd, et que je n'y ferai jamais mon salut; elle ne demande au Ciel pour moi que des humiliations et des disgrâces ; le chagrin qui m'arrive est un effet de ses prières, et j'ai lieu d'appréhender que son crédit ne l'emporte sur le vôtre. » Pendant que Racine faisait cette innocente plaisanterie, le bruit d'une calèche se fait entendre : « C'est le roi ! s'écrie Mme de Maintenon, cachez-vous. » Et Racine s'enfuit dans un bosquet.

Mme de Maintenon avait l'esprit trop délicat pour ne pas être sensible aux charmes de la société de Racine ; elle était trop pieuse pour ne pas chérir en lui cette bonne foi, cette candeur, cette simplicité d'enfant qu'il portait dans la religion.

CHAPITRE VI

Quoique très-éloigné des passions d'un courtisan. Racine aimait Louis XIV, il aimait la cour ; il y entretenait des relations agréables et utiles pour l'avancement de ses enfants. « Il aurait pris sur-le-champ, dit Louis Racine, le parti de se retirer pour toujours de la cour, sans la considération de sa famille, qui, n'étant pas riche, avait un très-grand besoin de lui. Dans le bas âge où j'étais, j'en avais plus besoin qu'un autre (1). Il projetait de s'occuper dans sa retraite de mon éducation; et quel pré-

(1) Louis Racine, né en 1692, n'avait que sept ans à la mort de son père.

cepteur j'aurais eu! Mais il pensait en même
temps qu'il me deviendrait inutile dans la suite,
s'il cessait de cultiver les protecteurs qu'il avait
à la cour : c'était cette seule raison qui depuis
un an l'y faisait rester. Il y retourna encore plusieurs fois, et il avait toujours l'honneur d'approcher
de Sa Majesté. »

Mais il ne paraissait plus à Versailles sans avoir
le cœur serré du changement de sa situation ; il ne
trouvait plus les mêmes visages dans cette cour où
il avait été comblé des témoignages les plus flatteurs
de l'estime et de la considération. Tout était changé
avec le maître. qui ne lui accordait plus aucune
de ces distinctions qui marquent la faveur. Il ne
concevait pas comment il arrivait que Boileau, qui
portait à la cour une liberté très-étrangère en ce
pays, Boileau, brusque et franc, coupable d'indis-
crétions fréquentes, conservait cependant son crédit,
tandis que lui, avec la plus grande circonspection,
toujours attentif à plaire, toujours tourmenté de la
crainte d'avoir déplu, n'avait pu éviter de tomber
dans la disgrâce! Il demandait un jour à Boileau
pourquoi il avait ainsi le privilége de tout dire
sans choquer personne : « C'est vous, disait-il,
qu'on devrait accuser, et cependant c'est moi qu'on
accuse ; quelle en est la raison ? — Voulez-vous la
savoir? lui répondit Boileau : c'est que vous allez à
la messe tous les jours, et que moi je n'y vais que
les fêtes et les dimanches. » Boileau crut devoir se
permettre cette plaisanterie, parce que son caractère
un peu dur lui faisait regarder les alarmes de son

ami comme des terreurs chimériques ; il ne soup--
çonnait pas à quel point Racine avait l'âme navrée
de cette espèce de disgrâce, qui n'eût été pour lui
et pour tout autre qu'un malheur très-léger.

Enfin, le chagrin, après avoir miné quelque
temps sa constitution, lui porta le coup mortel. Un
matin, étant a travailler dans son cabinet, il se
sentit attaqué d'un si violent mal de tête, que, ne
pouvant plus supporter aucune application, il prit
le parti de se mettre au lit, dont il ne devait plus
sortir que pour être porté au tombeau. Ses enfants,
le voyant se coucher, parurent alarmés ; il les ras-
sura, en leur disant avec bonté que ce n'était rien
qu'un peu de fièvre que le repos dissiperait. Louis
Racine prétend qu'on ne soupçonna point d'abord
la cause de la maladie de son père Elle n'était pas
cependant difficile à deviner : l'abcès dont nous
avons parlé, et qui avait continué de suppurer
jusque-là, s'était fermé subitement ; tel était sans
doute le véritable principe du mal, et il serait bien
étrange que cette idée eût échappé aux médecins
de la cour, qui étaient ses amis et qui venaient le
voir souvent. Une vive douleur au côté droit était
le principal symptôme dont il se plaignait, et cette
douleur ne fit qu'augmenter dans le cours de sa
maladie, qui fut longue. Il supporta son mal, quoiqu'il augmentât toujours d'intensité, avec autant de
douceur que de soumission à la volonté de Dieu.
Cependant M. de Valincour a écrit, et le P. Niceron
a répété d'après lui, que Racine, vaincu par la
douleur, avait eu un moment de découragement tel

qu'il aurait un jour manifesté une espèce de désespoir. Cette assertion est fortement démentie par Jean-Baptiste Racine, son fils aîné, qui, consulté en 1742 par Louis Racine, sur le fait avancé par M. de Valincour et par le P. Niceron, en reçut la réponse suivante : « Il n'y a pas un mot de vrai dans ce que vous me demandez de l'exclamation de mon père sur la douleur. Jamais homme, il est vrai, n'a craint davantage ni même souffert plus impatiemment la douleur ; mais jamais homme ne l'a reçue de la main de Dieu avec plus de soumission, si bien que, quelques jours avant sa mort, sur ce que je lui disais que tous les médecins espéraient de le tirer d'affaire, il m'adressa ces belles paroles : « Ils diront ce qu'ils voudront, laissons-les dire ; » mais vous, mon fils, voulez-vous me tromper et » vous entendez-vous avec eux? Dieu est le maître : » mais je puis vous assurer que s'il me donnait le » choix ou de la vie ou de la mort, je ne sais ce » que je choisirais : les frais en sont faits. » Ce furent ses propres paroles. Jugez si c'est là le langage d'un homme qui succombe à la douleur. »

Au reste, s'il etait vrai qu'une parole peu digne de lui eût échappé à la vivacité de son caractère au milieu des plus cruelles souffrances, elle fut expiée par une patience héroïque. Tous ceux qui venaient le consoler ne pouvaient se lasser d'admirer sa douceur et sa résignation. Il avait éprouvé autrefois de grandes frayeurs de la mort ; mais dans ce moment la religion lui en faisait soutenir les approches avec courage. Un bon prêtre de Saint-André-des-Arcs, homme simple et peu brillant, mais d'une piété sincère et solide, dirigeait depuis longtemps la conscience de Racine, et ne le quitta point dans ces instants douloureux où l on a si besoin de consolations. Mme de Maintenon, écrivant à Mme de la Maisonfort, qui ne voulait se confesser qu'à un prêtre de brillante éducation, lui cite l'exemple de Racine :

« Le plus simple, lui dit-elle, est le meilleur pour vous, et vous devez vous y soumettre en enfant. Comment surmonterez-vous les croix que Dieu vous enverra dans le cours de votre vie, si un accent normand ou picard vous arrête, et si vous vous dégoûtez d'un homme parce qu'il n'est pas aussi sublime que Racine? Il vous aurait édifiée, le pauvre homme, si vous aviez vu son humilité dans sa maladie, et son repentir sur cette recherche de l'esprit. Il ne demanda point, dans ce temps-là, un directeur à la mode, il ne vit qu'un bon prêtre de sa paroisse. »

L'abbé Boileau, chanoine de Saint-Honoré, ne témoignait pas moins de zèle que le bon directeur ; et si ces deux ecclésiastiques soutenaient le malade par leurs exhortations ferventes, le malade les édifiait eux-mêmes par ses dispositions vraiment chrétiennes. Tourmenté par une soif brûlante et une sécheresse extrême de la langue et du gosier, il s'écriait .

« J'offre à Dieu cette pensée ; puisse-t-elle expier le plaisir que j'ai trouvé souvent à la table des grands ! »

Il se faisait lire par son fils quelques ouvrages de piété; ces lectures l'intéressaient bien davantage que les compliments des seigneurs de la cour qui

venaient s'informer de l'état de sa santé, et qui
croyaient adoucir ses douleurs en lui assurant que
le roi leur demandait souvent de ses nouvelles. Il
est effectivement très-certain que Louis XIV prit un
vif intérêt à la situation de Racine et témoigna du
déplaisir de sa mort Ce sentiment honore le monarque ; mais Racine, environné des ombres de la
mort, ne dut pas être extrêmement flatté de cette
bonté tardive; quand on est prêt à paraître devant
Dieu, on est peu sensible aux faveurs des rois.
Cependant, un si bon père n'était pas tellement
absorbé dans l'idée de ses maux qu'il en oubliât sa
famille et ses vrais amis. M. Rollin, déjà célèbre
dans l'Université, étant venu lui rendre visite, il
lui recommanda l'éducation de son second fils, Louis
Racine, comme ne pouvant lui laisser un bien plus
précieux que les instructions d'un homme aussi
vertueux et aussi sage M. Rollin s'acquitta plus
tard, avec un dévouement égal à son mérite, de cette
charge que lui avait léguée un ami mourant.

Il fit écrire par son fils aîné une lettre à M. de Cavoye, pour le prier de solliciter le paiement de ce
qui lui était dû de sa pension, afin de laisser en
mourant à sa femme et a ses enfants le secours de
quelque argent comptant. Quand son fils lui fit lecture de la lettre, il lui dit : « Pourquoi ne deman-
dez-vous pas aussi en même temps le paiement de
la pension de Boileau? Il ne faut point nous séparer.
Recommencez votre lettre, et faites connaître à
Boileau que j'ai été son ami jusqu'à la mort. »

On s'attend bien sans doute à voir Boileau tenir

sa place auprès du lit de Racine. Cet ami de quarante ans, ce compagnon fidèle et sûr, qui ne l'avait
jamais quitté, ce confident intime de toutes ses joies
et de toutes ses peines, pouvait-il abandonner Racine
à ses derniers moments? Quoique la fermeté et la
tranquillité de son caractère ne lui permissent pas ces
démonstrations de sensibilité souvent équivoques,
sa douleur renfermée dans son âme n'en était que
plus vive; son cœur trop serré ne pouvait s'exprimer que par un silence plus éloquent que toutes les
plaintes. Racine, le voyant approcher pour lui faire
ses derniers adieux, recueillit ce qui lui restait de
force, et se leva sur son lit. Les deux illustres amis
demeurèrent quelque temps dans les bras l'un de
l'autre; le plus malheureux était celui qui se trouvait encore condamné à vivre. Racine, jusqu'à sa
dernière heure, plus habile que Boileau dans l'art
d'exprimer le sentiment, déposa dans son sein,
comme le testament de l'amitié, ces paroles, les
plus touchantes que son cœur lui eût jamais inspi-
rées : « Je regarde comme un bonheur pour moi de
mourir avant vous. »

Les médecins, qui n'avaient pu trouver dans leur
art de secret pour soulager les douleurs de Racine,
en trouvèrent un pour les augmenter par une opera-
tion aussi cruelle qu'inutile. Racine s'y prépara sans
aucune espérance de succès, ou plutôt il ne fit que
se préparer à la mort par ce nouvel exercice de la
patience. En effet, il mourut trois jours après l'ope-
ration, le 21 avril 1699, âgé de cinquante-neuf
ans, après avoir reçu les sacrements avec de grands

sentiments de piété, et avoir exhorté ses enfants à vivre unis entre eux et à respecter leur mère.

Cet homme extraordinaire avait reçu de la nature un tempérament plus sain que robuste ; la vivacité de son imagination et sa prodigieuse sensibilité, son penchant a la mélancolie, plus favorable au génie qu'à la santé, usèrent avant le temps ses organes delicats. Boileau, en apparence moins vigoureusement constitué et même sujet à plusieurs infirmités, a pourtant poussé beaucoup plus loin sa carrière, parce que la tranquillité de son âme donnait au corps beaucoup moins de fatigue. La nature, si prodigue envers Racine des dons de l'esprit, ne lui avait point refusé les avantages extérieurs : sa taille, sans être grande, etait bien prise ; une physionomie heureuse prévenait en sa faveur, sa figure fut remarquee à la cour, où l'on est connaisseur et difficile : et Louis XIV lui-même, le plus bel homme de son siecle, cita un jour Racine comme un des courtisans dont le visage lui paraissait le plus agréable.

Racine avait depuis longtemps écrit ses dernières dispositions dans cette lettre, datée du 29 octobre 1685.

« Comme je suis incertain de l'heure à laquelle il plaira à Dieu de m'appeler, et que je puis mourir sans avoir le temps de déclarer mes dernières intentions, j'ai cru que je ferais bien de prier ici ma femme de plusieurs petites choses, auxquelles j'espère qu'elle ne voudra pas manquer.

» Premièrement, de continuer a une bonne vieille nourrice que j'ai a la Ferté-Milon, jusqu'a sa mort,

7

quatre francs ou cent sous par mois, que je lui
donne depuis quelque temps pour lui aider à
vivre.

» 2° Je donne une somme de 500 liv. aux pauvres
de la paroisse de Saint-André (1).

» 3° Pareille somme a ma sœur Rivière, pour
distribuer à de pauvres parents que j'ai a la Ferté-
Milon.

» 4° De donner 500 livres aux pauvres de la
paroisse de Griviller.

» Ces sommes prises sur ce que je pourrai laisser
de bien.

» Je la prie de remettre entre les mains de M. Despréaux tout ce qu'elle me trouvera de papiers con-
cernant l'histoire du roi.

» Fait dans mon cabinet, ce 29 octobre 1685.

» RACINE. »

Conformément à ses dernières volontés, insérées
dans un testament trouvé avec la lettre que nous
venons de rapporter, il fut inhumé dans le cimetière
de Port-Royal, au pied de la tombe de M. Hamon,
un de ses anciens maîtres, qui avait été comme son
précepteur après la mort de M. Lemaître, et pour
la mémoire duquel il avait toujours conserve un

(1) Le mot *Saint-André* est effacé Racine a mis en renvoi ·
Saint-Sevérin, ce 12 novembre 1686. Depuis il a effacé
Saint-Séverin, et mis au dessus *Saint-Sulpice*. Ce sont les
trois paroisses dans l'arrondissement desquelles il a successive-
ment demeuré Le manuscrit original de cette pièce est a la
Bibliothèque impériale

grand respect. En 1711, après la destruction de l'abbaye, ses restes furent exhumés et transportes dans l'église de Saint-Etienne-du-Mont, où ils sont encore. L'épitaphe, composée par Boileau et gravee sur une des faces du tombeau de Port-Royal, était restée à demi brisée parmi les decombres ; retrouvée plus tard, elle fut conservée dans l'église de Magni-Lessart, d'où on la transporta a Paris, à Saint-Etienne-du-Mont, le 21 avril 1818. Elle est placée vis-à-vis celle de Pascal, dans la chapelle de la Vierge, au fond de l'église. On ne peut, sans attendrissement, contempler ce précieux debris, et lire cette inscription a demi effacée, qui rappelle à la fois l'amitie des deux poëtes, la reconnaissance de Racine pour ses anciens maîtres, son génie et sa gloire, son sacrifice, ses vertus, sa sainte mort, tous les souvenirs qui font admirer et chérir en lui le grand poete, l'homme de bien et le bon chrétien.

Voici le texte latin de cette épitaphe, avec la traduction française qu'en a faite également Boileau :

D. O. M.

Hic jacet vir nobilis Joannes RACINE, Franciæ thesauris præfectus, regi à secretis atque à cubiculo, nec non unus è quadraginta Gallicanæ Academiæ viris, qui, postquàm profana tragœdiarum argumenta diù cum ingenti hominum admiratione tractasset, musas tandem suas uni Deo consecravit, omnemque ingenii vim in eo laudando contulit, qui solus laude dignus est. Cum eum vitæ negotiorumque rationes multis nominibus aulæ

tenerent addictum, tamen in frequenti hominum commercio omnia
pietatis ac religionis officia coluit. A christiano rege Ludovico
Magno selectus unâ cum familiari ipsius amico fuerat, qui res eo
regnante præclari ac mirabiliter gestas præscriberet. Huic intentus
operi, repente in gravem æque ac diuturnum morbum implicitus
est tandemque ab hâc sede miseriarum in melius domicilium
translatus anno ætatis suæ LIX. Qui mortem longo adhuc
intervallo remotam valde horruerat, ejusdem præsentis aspectum
placidâ fronte sustinuit, obiitque spe multo magis, et piâ in
Deum fiduciâ expletus, quam fractus metu. Ea jactura omnes
illius amicos, quorum nonnulli inter regni primores eminebant,
acerbissimo dolore perculit Manavit etiam ad ipsum regem tanti
viri desiderium. Fecit modestia ejus singularis, et præcipua in
hanc Portus-Regii domum benevolentia, ut in eâ sepeliri voluerit,
ideoque testamento cavit, ut corpus suum, juxta piorum hominum
qui hic sunt corpore, humaretur. Tu verò, quicumque es, quem
in hanc domum pietas adducit, tuæ ipse mortalitatis ad hunc
aspectum recordare, et clarissimam tanti viri memoriam precibus
potius quàm elogiis prosequere.

D. O. M.

Ici repose le corps de messire Jean RACINE, tresorier de France,
secretaire du roi, gentilhomme ordinaire de sa chambre, et l'un
des quarante de l'Academie française, qui, apres avoir longtemps
charmé la France par ses excellentes poesies profanes, consacra
ses muses à Dieu, et les employa uniquement à louer le seul
objet digne de louange. Les raisons indispensables qui l'attachaient
a la cour l'empêcherent de quitter le monde; mais elles ne
l'empêchèrent pas de s'acquitter, au milieu du monde, de tous
les devoirs de la pieté et de la religion Il fut choisi avec un de
ses amis par le roi Louis-le-Grand, pour rassembler en un corps
d'histoire les merveilles de son règne, et il etait occupe a ce

grand ouvrage, lorsque tout à coup il fut attaqué d'une longue et cruelle maladie, qui a la fin l'enleva de ce séjour de misères, en sa cinquante-neuvième année. Bien qu'il eût extrêmement redouté la mort lorsqu'elle était encore loin de lui, il la vit de près sans s'en étonner, et mourut beaucoup plus rempli d'espérance que de crainte, dans une entière resignation à la volonté de Dieu. Sa perte toucha sensiblement ses amis, entre lesquels il pouvait compter les premières personnes du royaume, et il fut regretté du roi même. Son humilité et l'affection particulière qu'il eut toujours pour cette maison de Port-Royal-des-Champs, lui firent souhaiter d'être enterré sans aucune pompe dans ce cimetière avec les humbles serviteurs de Dieu qui y reposent, et auprès desquels il a été mis, selon qu'il l'avait ordonné par son testament. O toi, qui que tu sois, que la piété attire en ce saint lieu, plains dans un si excellent homme la triste destinée de tous les mortels ; et, quelque grande idée que puisse te donner de lui sa reputation, souviens-toi que ce sont des prières, et non pas de vains éloges, qu'il te demande.

Louis XIV, informé que Racine ne laissait qu'une fortune médiocre, a peine suffisante pour soutenir une famille nombreuse, composée de sept enfants, deux garçons et cinq filles, accorda à sa veuve une pension de 2,000 livres, reversible jusqu'au dernier enfant vivant. Cette femme vertueuse, économe et simple. n'eut besoin que de continuer son genre de vie ordinaire pour se conformer au précepte de saint Paul et se conduire en digne veuve qui ne tient plus au monde et à ses plaisirs. Renfermée dans son ménage pendant les trente-trois ans qu'elle vécut encore après la mort de son mari, uniquement occupée du soin de ses enfants et des pauvres, elle perdit, par l'effet du système de Law, le fruit des epargnes qu'elle avait faites pour sa famille, et s'eteignit paisiblement en 1732. sans douleurs et sans infirmités. La tante de Racine, la mère Sainte-Thècle, qui n'avait cessé de demander au Ciel le salut de son cher neveu, ne lui survecut que peu de mois.

———

CORRESPONDANCE

DE RACINE AVEC SON FILS

———◦◦◦———

Nous ne saurions mieux compléter ce volume qu'en donnant un certain nombre de lettres que Racine a écrites à son fils aîné, regrettant que l'étendue de notre cadre ne nous permette pas de les reproduire toutes, non plus que celles adressées à son ami intime Boileau et à quelques autres personnes. On ne saurait en effet connaître qu'imparfaitement Racine, si on ne l'étudiait dans sa correspondance, où son âme se révèle pour ainsi dire tout entière.

Il y a peu de lectures plus touchantes que celle des lettres de Racine : on y sent partout le grand homme qui s'abaisse, qui s'efface, pour n'être qu'un humble chrétien, un homme simple, un ami devoue, un bon père. Plus les idées et le langage en sont simples, plus le lecteur est ému et charmé. Sous cette familiarité douce et calme, sous cette affec-

tueuse et rigoureuse humilité, sous ce sans-façon
paisible et austère, on sent une âme passionnée
toute prête a se répandre, un grand esprit dont l'activité deborde ; tout un monde de sentiment et de
poesie refoule et contenu par une heroïque abnéga-
tion de chretien.

Louis Racine caracterise ainsi les lettres que son
père ecrivait à son frère aîné : « Voici le père de
famille en deshabillé au milieu de ses enfants. Les
lettres suivantes, par les petits détails qu'elles con-
tiennent et par leur style simple, font mieux connaître le caractère de celui qui les a écrites, que
des lettres plus travaillees. Il aimait egalement tous
ses enfants, n'etant occupe qu'a entretenir l'union
entre eux. Lorsqu'il en voyait un incommode, il
etait dans des agitations continuelles. C'est cette
tendresse qui respire dans les lettres qu'on va lire »

On remarquera aussi que le ton de ces lettres,
quoique d'une extrême simplicité, est cependant
toujours empreint d une certaine dignité. et ne des-
cend jamais à une familiarité trop grande On ne
trouve pas dans toutes les lettres de Racine, ni à ses
amis, ni à son fils, une seule trace de tutoiement.
L'amitie alors , même la tendresse paternelle, etait
grave; elle semblait un devoir encore plus qu'un
plaisir.

Avant de donner ces lettres, nous devons dire un
mot de celui à qui elles étaient adressées.

Jean-Baptiste Racine, l'aîné des enfants de Racine,
était né le 10 novembre 1678. Nous n'avons pas
besoin de répeter ici avec quel soin il fut élevé par

son père. Après avoir reçu une bonne et forte éducation, sous la direction paternelle, il obtint la survivance de la charge de gentilhomme ordinaire que possédait le grand Racine. Celui-ci le produisit alors a la cour, et eut dessein de l'attacher au ministère des affaires étrangères, sous la protection de M de Torcy, chargé du portefeuille de ce département. Le jeune Racine fut bientôt chargé de porter à M de Bonrepaux. ambassadeur de France en Hollande, des depêches de la cour, et recommandé particulièrement par M. de Torcy à cet ambassadeur. « Après son départ, dit Louis Racine, la maison fut comme celle de Tobie après le depart de son fils. Ce n'etaient qu'inquietudes sur la santé du voyageur et sur sa conduite. Ces alarmes paternelles remplissent une partie des lettres qu'on va lire »

Après la mort de son père, M de Torcy, qui cherchait a avancer Jean-Baptiste Racine, l'envoya a Rome avec l'ambassadeur de France; mais, soit que son éducation lui eût donné une certaine austérité de caractère qui ne pouvait se plier aux usages du monde, soit qu'une profonde piété, un attachement sincère à la religion l'eussent absolument détaché de tous les biens extérieurs dont on fait tant de cas dans la société, et qui sont l'objet de l'ambition de tous les hommes, il renonça tout à coup aux richesses, aux emplois, aux honneurs; et sans aller s'enfermer dans la solitude du cloître, il sut se faire un cloître de sa maison, où il vécut solitaire et indépendant. Occupé des lettres et des sciences, mais pour son propre amusement et son instruction particulière, il ne songea point à étaler aux yeux du public les fruits de ses études et les vastes connaissances qu'il avait amassées par une lecture prodigieuse et de continuelles réflexions. Il mourut dans sa retraite le 31 janvier 1747, sans avoir été marié.

Un mot encore sur Louis Racine, le second fils de notre grand poete, celui qui a écrit les *Mémoires sur la vie de J. Racine*, monument remarquable de la piété filiale, et morceau de biographie du plus grand intérêt, malgré quelques inexactitudes qui s'y rencontrent. Louis Racine était né le 6 novembre 1692. Il fut élevé par le célèbre Rollin, à qui son père l'avait recommandé à son lit de mort, ainsi que nous l'avons dit. Au sortir du collége, il étudia le droit et se fit recevoir avocat. Ne se sentant aucun goût pour cette profession, il prit l'habit ecclésiastique, et passa quelque temps, comme pensionnaire, dans la congrégation de l'Oratoire. C'est pendant ce temps-là qu'il composa son poeme de *la Grâce*. Sur l'invitation du chancelier d'Aguesseau, il alla à Fresnes, où l'illustre magistrat était exilé. Racine passa dans cette agréable retraite les moments qu'il regardait comme les plus heureux de sa vie, et ne revint à Paris qu'avec son protecteur. Il accepta, en 1722, une place d'inspecteur des fermes, et se maria a Lyon, avec Mlle Presle, fille d'un secrétaire du roi. Il se démit de ses fonctions en 1750, et se retira a Paris, où il s'occupait de travaux littéraires, lorsqu'il apprit la mort de son fils, qui périt à Cadix dans une tempête causée par le tremblement de terre qui détruisit Lisbonne (1755). Ce coup terıible plongea Racine dans une extrême douleur, et peu s'en fallut qu'il n'y succombât. Renonçant pour jamais à l'étude, il vendit sa bibliothèque, et ne conserva que les livres qui pouvaient entretenir en lui le goût de l'autre vie, après laquelle il soupirait. La mort le frappa, sans le surprendre. le 29 janvier 1763.

Il a laissé un grand nombre d'ouvrages, parmi lesquels on distingue surtout le poeme de *la Religion*, que J -B. Rousseau proclame « un des ouvrages les plus estimables de la langue française. »

Louis Racine est désigné, dans les lettres de son père, sous le nom de *Lionval*, petit nom qu'on lui donnait dans sa famille pendant son enfance.

————

LETTRE PREMIÈRE

Au camp devant Namur, le 31 mai 1692

Vous aurez pu voir, mon cher enfant, par les lettres que j'écris à votre mère, combien je suis touché de votre maladie (c'était la petite-vérole), et la peine extrême que je ressens de n'être pas auprès de vous pour vous consoler. Je vois que vous prenez avec beaucoup de patience le mal que Dieu vous envoie, et que vous êtes fort exact à faire tout ce qu'on vous dit : il est extrêmement important pour

vous de ne vous point impatienter. J'espère qu'avec
la grâce de Dieu il ne vous en arrivera aucun accident. C'est une maladie dont peu de personnes sont
exemptes; et il vaut mieux en être attaqué à votre
âge qu'à un âge plus avancé. J'aurai une sensible
joie de recevoir de vos lettres; ne m'écrivez que
quand vous serez entièrement hors de danger, parce
que vous ne pourriez écrire sans mettre vos bras à
l'air et vous refroidir. Quand je ne serai plus en
inquiétude de votre mal, je vous écrirai des nouvelles du siége de Namur. Il y a lieu d'espérer que
la place se rendra bientôt; et je m'en réjouis d'autant plus, que cela pourra me mettre en état de vous
recevoir bientôt à Paris. M. de Cavoye prend grand
intérêt a votre mal et voudrait bien vous soulager.
Je suis fort obligé à M. Chapelier (1) de tout le soin
qu'il prend de vous. Adieu, mon cher fils; offrez
bien au bon Dieu le mal que vous souffrez. et remet-
tez-vous entièrement à sa sainte volonté Assurez-
vous qu'on ne peut vous aimer plus que je vous aime,
et que j'ai une fort grande impatience de vous embrasser.

(1) C'était un ecclésiastique qui servait de précepteur au
jeune Racine

LETTRE II

Au camp devant Namur, le 10 juin 1692

Vous pouvez juger, par toutes les inquiétudes que m'a causées votre maladie, combien j'ai de joie de votre guérison. Vous avez beaucoup de grâces à rendre à Dieu, de ce qu'il a permis qu'il ne vous soit arrivé aucun fâcheux accident, et que la fluxion qui vous était tombée sur les yeux n'ait point eu de suites. Je loue extrêmement la reconnaissance que vous témoignez pour tous les soins que votre mère a pris de vous. J'espère que vous ne les oublierez jamais, et que vous vous acquitterez de toutes les obligations que vous lui avez, par beaucoup de soumission à tout ce qu'elle désirera de vous. Votre lettre m'a fait beaucoup de plaisir ; elle est fort sagement écrite, et c'était la meilleure et la plus agréable marque que vous puissiez me donner de votre guérison. Mais ne vous pressez pas encore de retourner à l'étude ; je vous conseille de ne lire que des choses qui vous fassent plaisir sans vous donner trop de peine, jusqu'à ce que le médecin qui vous a traité vous donne la permission de recommencer votre travail. Faites bien des amitiés pour moi à M. Chapelier, et faites en sorte qu'il ne se repente point de toutes les peines qu'il a prises

pour vous. J'espère que j'aurai bientôt le plaisir
de vous revoir, et que la reddition du château de
Namur suivra de près celle de la ville (1).

Adieu, mon cher fils. Faites bien mes compliments
à vos sœurs. Je ne sais pourtant si on leur permet
de vous rendre visite; je crois que ce ne sera pas
si tôt; réservez-vous donc à leur faire mes compliments quand vous serez en état de les voir.

LETTRE III

Fontainebleau, le 4 octobre 1692

Je suis fort content de votre lettre, et vous me
rendez un très-bon compte de votre étude et de
votre conversation avec M. Despréaux. Il serait bien
a souhaiter pour vous que vous puissiez être souvent
en si bonne compagnie, et vous en pourriez retirer
un grand avantage, pourvu qu'avec un homme tel
que M. Despréaux, vous eussiez plus de soin d'écouter
que de parler. Je suis assez satisfait de votre
version; mais je ne puis guère juger si elle est bien
fidele, n'ayant apporté ici que le premier tome des
Lettres a Atticus (2), au lieu du second que je pen-

(1) La ville avait été prise le 5 juin, le château se rendit le 30.
Le roi reprit le chemin de Versailles

(2) C'était son livre favori et le compagnon de ses voyages.
(L. R)

sais avoir apporté; je ne sais même si je ne l'ai point perdu, car j'étais comme assuré de l'avoir ici parmi mes livres. Pour plus grande sûreté, choisissez dans quelqu'un des six premiers livres la première lettre que vous voudrez traduire ; mais surtout choisissez-en une qui ne soit pas sèche comme celle que vous avez prise. où il n'est presque parlé que d'affaires d'intérêt. Il y en a tant de belles sur l'état où était alors la république, et sur les choses de conséquence qui se passaient à Rome! Vous ne lirez guère d'ouvrage qui soit plus utile pour vous former l'esprit et le jugement ; mais surtout je vous conseille de ne jamais traiter injurieusement un homme aussi digne d'être respecté de tous les siècles que Cicéron. Il ne vous convient point, à votre âge, ni même à la personne, de lui donner ce vilain nom de poltron. Souvenez-vous toute votre vie de ce passage de Quintilien, qui était lui-même un grand personnage : *Ille se profecisse sciat cui Cicero valde placebit.* Ainsi vous auriez mieux fait de dire tout simplement de lui, qu'il n'était pas aussi brave ou aussi intrépide que Caton Je vous dirai même que, si vous aviez bien lu la vie de Cicéron dans Plutarque, vous auriez vu qu'il mourut en fort brave homme , et qu'apparemment il n'aurait pas fait tant de lamentations que vous si M. Carmélite (1) lui eût nettoyé les dents.

Adieu, mon cher fils. Faites mes baise-mains à M. Chapelier, et faites souvenir votre mère qu'il faut entretenir un peu d'eau dans mon cabinet, de

(1) C'était un chirurgien-dentiste.

peut que les souris ne ravagent mes livres. Quand
vous m'écrirez vous pourrez vous dispenser de toutes
ces cérémonies et de *votre tres-humble serviteur*. Je
connais même assez votre écriture, sans que vous
soyez forcé de mettre votre nom.

LETTRE IV

A Fontainebleau, le 9 octobre 1692.

Je voulais presque me donner la peine de corriger votre version, et vous la renvoyer en l'état où
il faudrait qu'elle fût; mais j'ai trouvé que cela me
prendrait trop de temps, à cause de la quantité d'endroits où vous n'avez pas attrapé le sens. Je vois
bien que ces épîtres (celles de Cicéron a Atticus)
sont encore trop difficiles pour vous, parce que
pour les bien entendre il faut posséder parfaitement
l'histoire de ces temps-là, et que vous ne la savez
point Ainsi je trouverais plus a propos que vous
me fissiez, à votre loisir, une version de cette bataille
de Trasimène, dont vous avez été si charmé, a
commencer par la description de l'endroit où elle
se donna. Ne vous pressez point, et tournez la chose
le plus naturellement que vous pourrez J'approuve
fort vos promenades d'Auteuil, et vous m'en rendez
un fort bon compte; mais faites bien concevoir a

M. Despréaux, combien vous êtes reconnaissant de la bonté qu'il a de se rabaisser à s'entretenir avec vous. Vous pouvez prendre Voiture parmi mes livres si cela vous fait plaisir ; mais il faut un grand choix pour lire ses lettres, dont plusieurs ne vous feraient pas grand plaisir. J'aimerais bien autant que, si vous voulez lire quelques livres français, vous prissiez la traduction d'Hérodote (1), qui est fort divertissant, et qui vous apprendrait la plus ancienne histoire qui soit parmi les hommes, après l'Ecriture sainte. Il me semble qu'à votre âge il ne faut pas voltiger de lecture en lecture ; ce qui ne servirait qu'à vous dissiper l'esprit et à vous embarrasser la mémoire.

Nous verrons cela plus à fond quand je serai de retour à Paris. Adieu, mon cher fils. Faites mes baise-mains à vos sœurs.

———

LETTRE V

Au camp de Theusies, le 3 juin 1693

Vous me faites plaisir de me rendre compte des lectures que vous faites ; mais je vous exhorte à ne pas donner toute votre attention aux poetes français. Songez qu'ils ne doivent servir qu'à votre récréation,

(1) Il n'existait alors d'autre traduction d'Hérodote que celle de Pierre Duryer, qui avait paru en 1645.

8

et non pas à faire votre véritable étude. Ainsi je
souhaiterais que vous prissiez quelquefois plaisir a
m'entretenir d'Homère, de Quintilien et des autres
auteurs de cette nature. Quant à votre épigramme(1),
je voudrais que vous ne l'eussiez point faite. Outre
qu'elle est assez médiocre, je ne saurais trop vous
recommander de ne vous point laisser aller à la
tentation de faire des vers français, qui ne servi-
raient qu'à vous dissiper l'esprit; surtout il n'en
faut faire contre personne.

M. Despréaux a un talent qui lui est particulier,
et qui ne doit point vous servir d'exemple, ni a
vous, ni à qui que ce soit Il n'a pas seulement
reçu du Ciel un génie merveilleux pour la satire,
mais il a encore avec cela un jugement excellent qui
lui fait discerner ce qu'il faut louer et ce qu'il
faut reprendre. S'il a la bonté de vouloir s'amuser
avec vous, c'est une des grandes félicités qui vous
puissent arriver, et je vous conseille d'en bien profiter en l'écoutant beaucoup et en décidant peu avec
lui. Je vous dirai aussi que vous me feriez plaisir
de vous attacher à votre écriture. Je veux croire
que vous avez écrit fort vite les deux lettres que
j'ai reçues de vous, car le caractère me paraît beaucoup négligé. Que tout ce que je vous dis ne vous
chagrine point; car du reste je suis très-content
de vous, et ne vous donne ces petits avis que pour

(1) C'était une épigramme contre Perrault, à l'occasion de la
querelle des anciens et des modernes. Jean Baptiste Racine fut
docile à la leçon de son père, et de toute sa vie il ne fit plus un
seul vers

vous exciter à faire mieux en toutes choses. Votre mère vous fera part des nouvelles que je lui mande.

Adieu, mon cher fils. Je ne sais pas bien si je serai en état d'écrire ni à vous, ni à personne, de plus de quatre jours; mais continuez à me mander de vos nouvelles.

Parlez-moi aussi un peu de vos sœurs, que vous me ferez le plaisir d'embrasser pour moi. Je suis tout à vous.

———

LETTRE VI

A Fontainebleau, le 1ᵉʳ octobre 1693.

J'ai reçu encore une de vos lettres, qui m'a fait beaucoup de plaisir. M. Despréaux a raison d'appréhender que vous ne perdiez un peu le goût des belles-lettres pendant votre cours de philosophie; mais ce qui me rassure, c'est la résolution où je vous vois de vous en rafraîchir souvent la mémoire par la lecture des meilleurs auteurs. D'ailleurs, vous étudiez sous un régent qui a lui-même beaucoup de lectures et d'érudition (1). Je contribuerai de mon

(1) Le célèbre Edme Pourchot, qui fit faire de si grands progrès aux écoles de philosophie, et qui professa cette science à Paris pendant vingt-six ans. Il était ami particulier de Racine, de Boileau et de Fénelon. Ce dernier le pressa vainement d'accepter une place de sous-gouverneur des enfants de France.

côté à vous faire ressouvenir de tout ce que vous avez lu, et je me ferai un plaisir de m'en entretenir souvent avec vous.

Je vis hier vos deux sœurs à Melun (1), et je fus fort content d'elles. Votre sœur aînée se plaint de vous, et elle a raison. Elle dit qu'il y a plus de quatre mois qu'elle n'a reçu de vos nouvelles. Il me semble que vous devriez un peu mieux répondre a l'amitié sincère que je lui vois pour vous. Une lettre vous coûte-t-elle tant à écrire ? Quand vous devriez ne l'entretenir que de ses petites sœurs, vous lui feriez le plus grand plaisir du monde... Adieu, mon cher fils. Je vous écris tout ceci fort à la hâte.

Ecrivez-moi très-souvent, afin de me donner lieu de vous répondre ; ce que je ferai une autre fois plus a loisir. On attend au premier jour des nouvelles d'un combat en Italie (2).

(1) Marie Catherine était l'aînée des filles de Racine. Toutes les fois qu'il dit *votre sœur*, sans autre nom, c'est toujours d'elle qu'il entend parler. Anne, sa seconde fille, est désignée par le nom de Nanette ; celle-ci resta au couvent des Ursulines de Melun, où elle fit profession le 6 novembre 1698. La troisième des filles de Racine avait nom Elisabeth ; il la nomme Babet dans ses lettres ; elle fit profession au couvent de N.-D. de Vanville, dans l'année qui suivit la mort de son père. La cinquième, Madeleine, appelée Madelon par son père, mourut célibataire en 1741.

(2) On eut peu de jours après la nouvelle de la fameuse victoire remportée à la Marsaille par Catinat sur le duc de Savoie.

LETTRE VII

Fontainebleau, 14 octobre 1693.

Je ne saurais m'empêcher de vous dire, mon cher fils, que je suis très-content de tout ce que votre mère m'écrit de vous. Je vois par ses lettres que vous êtes fort attaché à bien faire, mais surtout que vous craignez Dieu et que vous prenez du plaisir à le servir. C'est la plus grande satisfaction que je puisse recevoir et en même temps la meilleure fortune que je vous puisse souhaiter. J'espère que plus vous irez en avant, plus vous trouverez qu'il n'y a de véritable bonheur que celui-là. J'approuve la manière dont vous distribuez votre temps et vos études; je voudrais seulement qu'aux jours que vous n'allez point au collége, vous puissiez relire de votre Cicéron. et vous rafraîchir la mémoire des plus beaux endroits ou d'Horace ou de Virgile, ces auteurs etant fort propres à vous accoutumer à penser et a ecrire avec justesse et avec nettete. . . . .

. . . .

Il me semble que dans l'une de vos lettres vous me demandiez la permission de faire présent d'une *Athalie* à un charteux. Vous le pouvez faire sans difficulté. Je suis seulement fâché de ne m'être pas souvenu plus tôt de vous en parler.

Le roi partira de demain en huit jours pour aller à Choisy, où il doit coucher deux nuits. Pour moi, j'irai ce jour-là tout droit à Paris, et j'espère que ce sera avec M. de Cavoye, qui commence à se mieux porter et à qui M. Félix promet une prochaine guérison....

LETTRE VIII

A Fontainebleau, le 3 octobre 1694.

Je vous adresse une lettre pour M. Despréaux, que je prie votre mère de lui envoyer le plus tôt qu'elle pourra. Il m'a déjà fait réponse à celle que je lui écrivis il y a trois jours, et il me mande en même temps que vous n'avez pu vous rencontrer, parce qu'il était à Paris quand vous l'avez été chercher à Auteuil.

...... Il me paraît, par votre lettre, que vous portez un peu d'envie à Melle de la Chapelle, de ce qu'elle a lu plus de comédies et plus de romans que vous. Je vous dirai, avec la sincérité avec laquelle je suis obligé de vous parler, que j'ai un extrême chagrin que vous fassiez tant de cas de toutes ces niaiseries, qui ne doivent servir tout au plus qu'à délasser quelquefois l'esprit, mais qui ne devraient point vous tenir autant à cœur qu'elles font. Vous êtes engagé dans des études très-sérieuses qui doivent attirer votre principale attention, et pendant que

vous y êtes engagé et que nous payons des maîtres
pour vous en instruire, vous devez éviter tout ce qui
peut dissiper votre esprit et vous détourner de votre
étude. Non-seulement votre conscience et la religion
vous y obligent, mais vous-même devez avoir assez
de considération pour moi, et assez d'égard, pour
vous conformer un peu à mes sentiments, pendant
que vous êtes dans un âge où vous devez vous laisser
conduire.

Je ne dis pas que vous ne lisiez quelquefois des
choses qui puissent vous divertir l'esprit, et vous
voyez que je vous ai mis moi-même entre les mains
assez de livres français capables de vous amuser ;
mais je serais inconsolable si ces sortes de livres
vous inspiraient du dégoût pour des lectures plus
utiles, et surtout pour les livres de piété et de
morale, dont vous ne parlez jamais, et pour lesquels
il semble que vous n'ayez plus aucun goût, quoique
vous soyez témoin du véritable plaisir que j'y prends
préférablement à toute autre chose. Croyez-moi,
quand vous saurez parler de comédies et de romans,
vous n'en serez guère plus avancé pour le monde,
et ce ne sera point par cet endroit-là que vous serez
le plus estimé. Je remets à vous en parler plus au
long et plus particulièrement quand je vous reverrai,
et vous me ferez plaisir alors de me parler à cœur
ouvert la-dessus, et de ne vous point cacher de
moi. Vous jugez bien que je ne cherche pas a vous
chagriner, et que je n'ai d'autre dessein que de con
tribuer à vous rendre l'esprit solide et a vous
mettre en etat de ne me point faire de déshonneur

quand vous viendrez à paraître dans le monde.
Je vous assure qu'après mon salut, c'est la chose
dont je suis le plus occupé. Ne regardez point
tout ce que je vous dis comme une réprimande,
mais comme les avis d'un père qui vous aime
tendrement et qui ne songe qu'à vous donner des
marques de son amitié. Écrivez-moi le plus souvent
que vous pourrez, et faites mes compliments à votre
mère.

LETTRE IX

A Paris, ce 8 juin 1695.

C'est tout de bon que nous partons aujourd'hui
pour notre voyage de Picardie (1) Comme je serai
quinze jours sans vous voir, et que vous êtes
continuellement présent à mon esprit, je ne puis
m'empêcher de vous répéter encore deux ou trois
choses que je crois très-importantes pour votre conduite.

La première, c'est d'être extrêmement circonspect
dans vos paroles, et d'éviter avec grand soin la réputation d'être un parleur, qui est la plus méchante

(1) Il allait à Montdidier, la patrie de sa femme. Les lettres
suivantes sont écrites à J.-B. Racine, reçu en survivance de la
charge de gentilhomme ordinaire, et par conséquent attaché à la
cour.

réputation qu'un jeune homme puisse avoir dans le pays où vous êtes. La seconde est d'avoir une extrême docilité pour les avis de M. et Mme Vigan, qui vous aiment comme leur enfant.

J'ai oublié de vous recommander d'être fort exact aux heures de leurs repas, et de ne faire jamais attendre après vous. Ainsi, ajustez si bien vos promenades et vos récréations que vous ne soyez jamais à charge.

N'oubliez point vos études, et cultivez continuellement votre mémoire, qui a grand besoin d'être exercée. Je vous demanderai compte à mon retour de vos lectures et surtout de l'histoire de France, dont je vous demanderai à voir vos extraits.

Vous savez ce que je vous ai dit des opéras et des comédies qu'on dit que l'on doit jouer à Marly. Il est très-important pour vous et pour moi-même qu'on ne vous y voie point, d'autant plus que vous êtes présentement à Versailles pour y faire vos exercices, et non point pour assister à toutes ces sortes de divertissement. Le roi et toute la cour savent le scrupule que je me fais d'y aller, et ils auraient très-méchante opinion de vous si, à l'âge que vous avez, vous aviez si peu d'egard pour moi et pour mes sentiments. Je devais, avant toutes choses, vous recommander de songer toujours à votre salut, et de ne perdre point l'amour que je vous ai vu pour la religion. Le plus grand déplaisir qui puisse m'arriver au monde, c'est s'il me revenait que vous êtes un indévot, et que Dieu vous est devenu indifférent. Je vous prie de recevoir cet avis avec la même amitié que je vous le donne.

9

Je vous conseille d'aller quelquefois savoir des
nouvelles de M. de Cavoye, à qui vous ne pouvez
ignorer que je suis si attaché. Quand vous verrez
M. Felix le père, faites-lui bien mes compliments
et demandez-lui s'il n'a rien à me mander au sujet
de mon logement ; il entendra ce que cela veut
dire, et vous me ferez savoir sa réponse sans en
rien dire à personne.

Ecrivez-moi jusqu'à jeudi prochain, c'est-à-dire
que vous pourrez nous écrire une ou deux fois pour
nous mander les nouvelles que vous saurez : cela
fera plaisir à votre oncle de Montdidier. Payez le
port jusqu'à Paris. Mais passe jeudi, ne m'adressez
plus vos lettres qu'à Paris même ; car j'espère partir
de Montdidier de dimanche en huit jours. Adieu,
mon cher fils. Faites bien mes compliments à M.
et à Mme Vigan et a M. Félix le fils. N'oubliez pas
aussi de les faire à M. de Sérignan, qui me témoigne
bien de l'amitié pour vous. Demandez-lui s'il ne
sait point de nouvelles que vous me puissiez mander.

Suscription : A M. Racine le jeune, gentilhomme
ordinaire du roi, chez M. Vigan, a la Petite-Ecurie,
à Versailles.

LETTRE X

A Montdidier, le 9 juin 1695.

Votre lettre nous a fait ici un très-grand plaisir, et quoiqu'elle ne nous ait pas appris beaucoup de nouvelles, elle nous a du moins fait juger qu'il n'y a pas un mot de vrai de toutes celles qu'on débite dans ce pays-ci. C'est une plaisante chose que les provinces . tout le monde y est nouvelliste dès le berceau, et vous n'y rencontrez que gens qui débitent gravement et affirmativement les plus sottes choses du monde.

Je vous sais un très-bon gré des égards que vous avez pour moi au sujet des opéras et des comédies ; mais vous voulez bien que je vous dise que ma joie serait complète si le bon Dieu entrait un peu dans vos considérations. Je sais bien que vous ne seriez pas déshonoré devant les hommes en y allant ; mais ne comptez-vous pour rien de vous déshonorer devant Dieu ? Pensez-vous vous-même que les hommes ne trouvassent pas étrange de vous voir, à votre âge, pratiquer des maximes si différentes des miennes ? Songez que Mgr le duc de Bourgogne (1), qui a un goût merveilleux pour toutes ces choses, n'a encore été à aucun spectacle, et qu'il veut bien en cela se

(1) Ce prince avait alors près de treize ans Il était élevé par Fénelon, Beauvilliers et le savant abbé Fleury

laisser conduire par les gens qui sont chargés de
son éducation. Et quels gens trouvez-vous au
monde plus sages et plus estimés que ceux-là? Du
reste, mon fils, je suis fort content de votre lettre.
Faites bien mes compliments à M. de Cavoye et à
MM. Félix, sans oublier M. Vigan.

LETTRE XI

A Paris, ce vendredi au soir 5 avril 1637.

Si par hasard vous voyez l'abbé de Coislin (1), dites-
lui qu'on m'a apporté de sa part une très-belle
Semaine sainte (2), et que j'ai beaucoup d'impatience
d'être à Versailles pour lui en faire mes très humbles
remerciements. Il est tous les jours à la messe du
roi, et vous pourrez le voir à la sortie de la chapelle.

J'ai vu votre sœur dont on est très-content aux
Carmélites, et qui témoigne toujours une grande
envie de s'y consacrer a Dieu. Votre sœur Nanette

(1) Henri-Charles du Cambout de Coislin, qui fut, cette même
année, evêque de Metz.

(2) On distribuait des *Heures* a l'usage de la chapelle du roi, et
des *Semaines saintes* aux personnes qui avaient des dignités ou
des charges à la cour. Cette distribution et d'autres avaient
encore lieu sous le règne de Louis XV, et même au commencement de celui de Louis XVI, elles furent supprimées lors des
réformes faites par M. Necker dans la maison du roi

nous accable tous les jours de lettres, pour nous obliger de consentir à la laisser entrer au noviciat. J'ai bien des grâces à rendre à Dieu d'avoir inspiré à vos sœurs tant de ferveur pour son service et un si grand désir de se sauver. Je voudrais de tout mon cœur que de tels exemples vous touchassent assez pour vous donner envie d'être bon chrétien Voici un temps (1) où vous voulez bien que je vous exhorte, par toute la tendresse que j'ai pour vous, à faire quelques réflexions un peu sérieuses sur la nécessité qu'il y a de travailler à son salut, à quelque état que l'on soit appelé. Votre mère, aussi bien que vos sœurs et votre petit frère, aurait beaucoup de joie de vous revoir. Bonsoir, mon cher fils.

LETTRE XII

A Paris, le 26 janvier 1698.

Vraisemblablement vous aurez pris des Mémoires de M. de Cely (2), pour avoir fait une course aussi

(1) Cette lettre était écrite le jour du vendredi saint.

(2) Nicolas-Auguste de Harlay, comte de Cely, l'un des trois plénipotentiaires du traité de Riswick. Il avait été chargé, lors de la signature de la paix, d'en aller porter la nouvelle a Louis XIV, mais il fit si peu de diligence, qu'avant son arrivée le roi était informe de la conclusion. M. de Cély devint l'objet

extraordinaire que celle que vous avez faite. J'avais
été fort en peine les premiers jours de votre voyage,
dans la peur ou j'étais que, par trop d'envie d'aller
vite, il ne vous fût arrivé quelque accident: mais
quand j'appris, par votre lettre de Mons, que vous
n'etiez parti qu'a neuf heures de Cambrai, et que
vous tiriez vanite d'avoir fait une si grande journée,
je vis bien qu'il fallait se reposer sur vous de la
conservation de votre personne. Surtout votre long
séjour à Bruxelles et toutes les visites que vous y
avez faites méritent que vous en donniez une rela-
tion au public. Je ne doute pas même que vous
ayez éte à l'Opéra avec la dépêche du roi dans votre
poche. Vous rejetez la faute de tout sur M. Bom-
barde (1), comme si, en arrivant à Bruxelles, vous
n'aviez pas dû courir d'abord chez lui, et ne vous
point coucher que vous n'eussiez fait vos affaires
pour être en etat de partir le lendemain de bon
matin. Je ne sais pas ce que dira la-dessus M. de
Bonrepaux; mais je sais bien que vous avez bon
besoin de réparer, par une conduite sage à la Haye,
la conduite peu sensée que vous avez eue dans votre
voyage. Pour moi, je vous avoue que j'appréhende

des chansons et des brocards. *la diligence de M de Cely* était
passée en proverbe, et c est a quoi Racine fait allusion pour
reprimander son fils qui, au lieu de porter directement a M de
Bonrepaux, ambassadeur de France a la Haye, les depêches dont
il etait charge par M. de Torcy, s'etait arrête quelques jours a
Mons et à Bruxelles.

(1) Banquier de Bruxelles Son fils a ete tresorier de l'electeur
de Baviere.

de retourner à la cour, et surtout de paraître devant M. de Torcy, à qui vous jugez bien que je n'oserai pas demander d'ordonnance pour votre voyage, n'étant pas juste que le roi paie la curiosité que vous avez eue de voir les chanoinesses de Mons et la cour de Bruxelles.

Vous ne me dites pas un mot de M. Robert, chanoine a Mons, pour qui vous aviez une lettre; vous ne me parlez point non plus de nos deux plenipotentiaires, pour qui vous aviez une dépêche; cependant je ne comprends pas par quel enchantement vous auriez pu ne les pas rencontrer entre Mons et Bruxelles.

Comme je vous dis franchement ma pensée sur le mal, je veux vous la dire aussi sur le bien. Mgr l'archevêque de Cambrai paraît très-content de vous, et vous m'avez fait plaisir de m'écrire le détail des bons traitements que vous avez reçus de lui, dont il ne m'avait pas mandé un mot, temoignant même du déplaisir de ne vous avoir pas assez bien fait les honneurs de son palais brûlé (1). Cela m'oblige de lui écrire une nouvelle lettre de remercîment.

Vous trouverez dans les ballots de M. l'ambassadeur, un étui où il y a deux chapeaux pour vous,

(1) Fenelon avait ete disgracié l'année precedente, et envoyé dans son diocèse. Peu de temps avant cette disgrâce, le feu avait pris a son palais de Cambrai et y avait consumé, avec tout le mobilier, une tres-riche bibliotheque. C'est a ce sujet qu'il dit a l'abbe de Langeron : « Ce serait bien pis si le feu eût pris a la maison d'une pauvre famille. »

un castor et un demi-castor, et vous y trouverez
aussi une paire de souliers des Freres (1)

Au nom de Dieu, faites un peu plus de reflexions
sur votre conduite, et défiez-vous sur toute chose
d'une certaine fantaisie qui vous porte toujours à
satisfaire votre propre volonté au hasard de tout ce
qui en peut arriver. Vos sœurs vous font bien des
compliments, et surtout Nanette. Mandez-moi de
vos nouvelles le plus souvent que vous pourrez.

Suscription . A. M. Racine. gentilhomme ordinaire du roi, chez M. l'ambassadeur de France,
a la Haye.

LETTRE XIII

A Paris, le 31 janvier 1698

Votre mère, et toute la famille. a eu une grande
joie d'apprendre que vous étiez arrivé en bonne
santé. Je n'ai point encore eté à la cour depuis que
vous êtes parti, mais j'espère d'y aller demain. Je
crains toujours de paraître devant M. de Torcy, de
peur qu'il ne me fasse des plaisanteries sur la len-
teur de votre course ; mais il faut me résoudre à
les essuyer, et lui faire espérer qu'une autre fois
vous ferez plus de diligence, si l'on veut bien vous

(1) Il existait dans Paris, a cette époque, deux communautes
des Freres cordonniers et une des Frères tailleurs d'habits.

confier à l'avenir quelque chose dont on soit pressé
d'avoir des nouvelles Je vois que M de Bonrepaux a pris tout cela avec sa bonté ordinaire, et
qu'il tâche même de vous excuser. Du reste, vos
lettres nous font beaucoup de plaisir, et je serai
bien aise d'en recevoir souvent. Je vous écrirai plus
au long à mon retour de Marly, me trouvant aujourd'hui accable d'affaires au sujet de l'argent qu'il
faut que je donne pour ma taxe. Faites mille compliments pour moi a M. de Bonnac. J'ai donné à
M. Pierret mes œuvres pour les lui porter.

———

LETTRE XIV

A Marly, le 5 fevrier 1698

Il est juste que je vous fasse part de ma satisfaction, comme je vous ai fait souffrir de mes inquiétudes. Non-seulement M. de Torcy n'a point pris
'en mal votre séjour à Bruxelles, mais il a même
approuvé tout ce que vous y avez fait, et a été bien
aise que vous ayez fait la réverence à M de Bavière.
Vous ne devez point trouver étrange que, vous aimant comme je fais, je sois si facile à m'alarmer
sur toutes les choses qui ont de l'air d'une faute et
qui pourraient faire tort à la bonne opinion que je
souhaite qu'on ait de vous. On m'a donné pour
vous une ordonnance de voyage : j'irai la recevoir

quand je serai à Paris, et je vous en rendrai bon
compte. Mandez-moi bien franchement tous vos
besoins.

J'approuve au dernier point les sentiments où vous
êtes sur toutes les bontés de M. de Bonrepaux, et
la résolution que vous avez prise de n'en point
abuser. Faites bien mes compliments à M. de Bonnac,
et témoignez-lui ma reconnaissance pour l'amitié
dont il vous honore : son extrême honnêteté est un
beau modèle pour vous; et je ne saurais assez louer
Dieu de vous avoir procuré des amis de ce mérite.
Vous avez eu quelque raison d'attribuer l'heureux
succès de votre voyage, par un si mauvais temps,
aux prières qu'on a faites pour vous. Je compte les
miennes pour rien : mais votre mère et vos petites
sœurs priaient tous les jours Dieu qu'il vous pré-
servât de tout accident; et on faisait la même chose
à Port-Royal. Il avait couru un bruit qui aura peut-
être été jusqu'à vous, qu'on avait permission de
recevoir des novices dans cette maison ; mais il n'en
est rien, et les choses sont toujours au même état.
Je doute que votre sœur puisse y demeurer longtemps, à cause de ses fréquentes migraines, et à
cause qu'il y a si peu d'apparence qu'elle y puisse
rester pour toute sa vie. Vous avez ici des amis
qui ne vous oublient point, et qui me demandent
souvent de vos nouvelles....

Le jour me manque, et je suis paresseux d'allumer de la bougie. Vous ne sauriez m'écrire trop
souvent si vous avez envie de me faire plaisir. Vos
lettres me semblent très-naturellement écrites; et

plus vous en écrirez, plus aussi vous y aurez de facilité. Adieu, mon cher fils. J'ai laissé votre mère en bonne santé Vous ne sauriez trop lui faire d'amitiés dans vos lettres, car elle mérite que vous l'aimiez et que vous lui en donniez des marques. M. de Torcy m'a appris que vous étiez dans la Gazette de Hollande; si je l'avais su, je l'aurais fait acheter pour la lire à vos petites sœurs, qui vous croiraient devenu un homme de conséquence.

LETTRE XV

A Paris, le 13 février 1698.

Je crois que vous aurez été content de ma dernière lettre et de la réparation que je vous y faisais de tout le chagrin que je puis vous avoir donné sur votre voyage . . . .
. . . .
Vous êtes extrêmement obligé à M. de Bonnac de tout le bien qu'il mande ici de vous; et tout ce que j'ai à souhaiter, c'est que vous souteniez la bonne opinion qu'il a conçue de vous. Vous me ferez un extrême plaisir de lui demander pour moi quelque place dans son amitié, et de lui bien témoigner combien je suis sensible à toutes ses bontés. Je crois qu'il n'est pas besoin de vous exhorter à n'en point abuser; je vous ai toujours vu une grande appréhen-

sion d'être a charge a personne, et c'est une des
choses qui me plaisaient le plus en vous.

J'ai trouvé a Versailles un tiroir tout plein de
livres, dont une partie était à moi, et l'autre vous
appartient : je vous les souhaiterais tous a la Haye,
à la reserve de deux ou trois, qui en vérité ne valent
pas la reliure que vous leur avez donnee. Votre
mère a reçu une grande lettre de votre sœur aînee,
qui était fort en peine de vous, et qui nous prie
instamment de la laisser où elle est (1). Cependant
il n'y a guère d'apparence de l'y laisser plus longtemps. La pauvre enfant me fait beaucoup de com-
passion, par le grand attachement qu'elle a conçu
pour une maison dont les portes vraisemblablement
ne s'ouvriront pas sitôt. Votre sœur Nanette est tombée ces jours passes, et s'etait fait un grand mal à
un genou ; mais elle se porte bien, Dieu merci.

Il me paraît, par votre dernière lettre, que vous
aviez beaucoup d'occupation et que vous etiez fort
aise d'en avoir. C'est la meilleure nouvelle que vous
me puissiez mander : et je serai à la joie de mon
cœur quand je verrai que vous prenez plaisir à vous
instruire et à vous rendre capable de profiter des
bontés que l'on pourra avoir pour vous. Adieu,
mon cher fils, écrivez-moi toutes les fois que cela
ne vous detournera point de quelque meilleure occupation. Votre mère serait curieuse de savoir ce
qui vous est resté de tout ce qu'elle vous avait donne
pour votre voyage.

(1) A Port-Royal-des-Champs.

LETTRE XVI

A Paris, le 24 février 1698

Je me trouvai si accablé d'affaires vendredi dernier, que je ne pus trouver le temps de vous écrire,
mais je n'en ai guère davantage aujourd'hui : j'ai
attendu si tard à commencer ma lettre qu'il faut
que je la fasse fort courte si je veux qu'elle parte
aujourd'hui. Je n'ai point encore vu M. l'abbé de
Châteauneuf; mais il me revient de plusieurs endroits qu'il parle très obligeamment de vous, et
qu'il est surtout très-édifié de la résolution où vous
êtes de bien employer votre temps auprès de
M. l'ambassadeur. Il a dit à M. Dacier que le premier livre que vous aviez acheté en Hollande, c'était
Homère, et que vous preniez grand plaisir à le relire.
Cela vous fit grand honneur dans notre *Petite Académie*, où M. Dacier dit cette nouvelle, et cela donna
sujet à M. Despréaux de s'étendre sur vos louanges,
c'est-à-dire sur les espérances qu'il a conçues de
vous; car vous savez que Cicéron dit que, dans un
homme de votre âge, on ne peut guère louer que
l'espérance. Mais l'homme du monde à qui vous
êtes le plus obligé, c'est M. de Bonnac; il parle de
vous dans toutes ses lettres, comme si vous aviez
l'honneur d'être son frère. Je vous estime d'autant
plus heureux de cette bonne opinion qu'il a conçue
de vous, que lui-même est ici en bonne réputation

d'être un des plus aimables et des plus honnêtes
hommes du monde. Tous ceux qui l'ont vu en Da-
nemark ou à la Haye sont revenus charmés de sa
politesse et de son esprit. Voila de bons exemples
que vous avez devant vous, et vous n'avez qu'à
imiter ce que vous voyez.

Je lus à M. Despreaux votre dernière lettre comme
il etait au logis; il en fut très-content. Je lui mon-
trai l'endroit de votre lettre où vous disiez que vous
parliez souvent de lui avec M. l'ambassadeur; et
comme il est fort bon homme, cela l'attendrit beaucoup et lui fit dire de grands biens et de M. l'ambassadeur et de vous

---

LETTRE XVII

A Paris, le 27 fevrier 1698

. . . .
.. .. M. Despréaux a dîné aujourd'hui au logis,
et nous lui avons fait faire très-bonne chère, grâce
à un fort grand brochet et une belle carpe qu'on
nous a envoyés de Port-Royal. M. Despréaux venait
de toucher sa pension et de porter chez M. Caillet
10,000 francs pour se faire 550 livres de rente sur
la ville. Demain M. de Valincourt viendra encore
dîner au logis avec M. Despréaux. Vous jugez bien
que cela ne se passera pas sans boire à la santé de

M. l'ambassadeur et la vôtre. J'ai eté un peu incommodé ces jours passés, mais cela n'a pas eu de suite, Dieu merci, et nous sommes tous en bonne santé. M. Pierret m'a conté que M. de la Clausure avait été douze jours a venir ici de la Haye en poste, et m'a fait là-dessus un grand éloge de votre diligence. Dans la vérite, je suis fort content de vous, et vous le seriez aussi beaucoup de votre mère et de moi si vous saviez avec quelle tendresse nous nous parlons souvent de vous. Songez que notre ambition est fort borncé du côté de la fortune, et que la chose que nous demandons de meilleur cœur au bon Dieu, c'est qu'il vous fasse la grâce d'être homme de bien, et d'avoir une conduite qui réponde a l'éducation que nous avons tàché de vous donner ....

LETTRE XVIII

A Paris, le 10 mars 1698

Votre mère se porte bien; Madelon et Léonard sont un peu incommodés, et je ne sais s'il ne faudra point leur faire rompre carême. J'en etais assez d'avis, mais votre mere croit que cela n'est pas nécessaire. Comme le temps de Paques approche, vous voulez bien que je songe un peu à vous, et que je vous recommande aussi d'y songer. Vous ne m'avez encore rien mande de la chapelle de M. l'am-'

bassadeur. Je sais combien il est attentif aux choses
de la religion, et qu'il s'en fait une affaire capitale.
Est-ce des prêtres séculiers par qui il la fait des-
servir, ou bien sont-ce des religieux? Je vous
conjure de prendre en bonne part les avis que je
vous donne là-dessus, et de vous souvenir que,
comme je n'ai rien plus à cœur que de me sauver, je ne puis avoir de véritable joie si vous ne-
gligez une affaire si importante, et la seule propre-
ment à laquelle nous devrions tous travailler.
Nanette vous fait ses compliments dans toutes mes
lettres.

LETTRE XIX

A Paris, le lundi de Pâques 31 mars 1698.

J'ai lu avec beaucoup de plaisir tout ce que vous
m'avez mandé de la manière édifiante dont le service se fait dans la chapelle de M. l'ambassadeur,
et sur les dispositions où vous etiez de bien employer
ce saint temps, dont voilà déjà une partie de passe.
Je vous assure que vous auriez encore pensé plus
serieusement que vous ne faites peut-être, sur l'incertitude de la mort et sur le peu que c'est que la
vie, si vous aviez eu le triste spectacle que nous
venons d'avoir, votre mère et moi, cette après-
dinée. La pauvre Fanchon (1) s'etait beaucoup plaint

(1) Jeanne-Nicole Françoise Racine, la quatrieme des filles de
Racine, morte le 22 septembre 1739, a l'abbaye de Malnoue ou

de maux de tête tout le matin. Elle avait pourtant
été à confesse à Saint-André. En dînant, ses maux
de tête l'ont reprise, et on a été obligé de la faire
mettre sur son lit. Sur les trois heures, comme je
prenais mon livre pour aller à vêpres, j'ai demandé
de ses nouvelles. Votre mère, qui la venait de quitter,
m'a dit qu'elle lui trouvait un peu de fièvre. J'ai été
pour lui tâter le pouls; je l'ai trouvee renversée sur
son lit, la tête qui lui traînait à terre, le visage
tout bleu et tout bouffi, sans la moindre connaissance, avec une quantité horrible d'eaux qui l'étouf-
faient et qui faisaient un bruit effroyable dans sa
gorge; enfin une vraie apoplexie. J'ai fait un grand
cri et je l'ai prise dans mes bras; mais sa tête et
tout son corps n'étaient plus que comme un sac
mouillé; ses yeux étaient tout renversés dans sa tête :
un moment plus tard elle était morte. Votre mère
est venue tout éperdue, et lui a jeté deux ou trois
poignees de sel dans la bouche, en lui ouvrant les
dents par force; on l'a baignée d'esprit de vin et de
vinaigre; mais elle a été plus d'une grande demi-
heure entre nos bras dans le même état que je vous
ai représenté, et nous n'attendions que le moment
qu'elle allait étouffer. Nous avions vite envoyé chez
M. Marechal et chez M. du Tartre; mais personne
n'était au logis. A la fin, à force de la tourmenter
et de lui faire avaler par force, tantôt du vin, tantôt
du sel, elle a vomi une quantité épouvantable d'eaux
qui lui étaient tombées du cerveau dans la poitrine.

elle etait pensionnaire A l'epoque de cette lettre, elle avait
treize ans

Elle a pourtant été deux heures entières sans revenir à elle, et il n'y a qu'une heure à peu près que la connaissance lui est revenue. Elle m'a entendu dire à votre mère que j'allais vous écrire, et elle m'a prié de vous faire bien ses compliments ; c'est en quelque sorte la première marque de connaissance qu'elle nous a donnée. Elle ne se souvient de rien de tout ce qui lui est arrivé ; mais, à cela près, je la crois entièrement hors de péril. Je m'assure que vous auriez été aussi ému que nous l'avons tous été ; Madelon en est encore tout effrayée et a bien pleuré sa sœur qu'elle croyait morte.

LETTRE XX

A Paris, le 2 mai 1698.

..... Il y aura demain trois semaines que je ne suis sorti de Paris, et je pourrais bien y en demeurer encore autant, à cause de cette espèce de petit érysipèle que j'ai et des médecines qu'il faudra prendre quand je ne l'aurais plus. Vous ne sauriez croire combien je me plais dans cette espèce de retraite, et avec quelle ardeur je demande au bon Dieu que vous soyez en état de vous passer de mes petits secours, afin que je commence un peu à me reposer et à mener une vie conforme à mon âge et même à mon inclination. M. Despréaux m'a tenu très-bonne compagnie. Il est présentement établi à Auteuil, où nous l'irons voir quelquefois quand le temps sera plus doux et que je pourrai prendre l'air sans m'incommoder. Je vais souvent voir M. de Cavoye, qui n'est qu'à deux pas de chez moi, et ce sont presque les seules visites que je fasse.

Toutes vos sœurs sont en très-bonne santé, aussi bien celles qui sont au logis que celles de Melun et de Variville, qui témoignent l'une et l'autre une grande ferveur pour achever de se consacrer à Dieu. Babet m'écrit les plus jolies lettres du monde et les plus vives, sans beaucoup d'ordre comme vous pourriez croire, mais entièrement conformes au caractère que vous lui connaissez. Elle nous demande avec grand soin de vos nouvelles. M. Boileau, frère de M. Despréaux, vit Nanette il y a huit jours, et la trouva d'une gaieté extraordinaire. Votre sœur aînée est toujours un peu sujette à ses migraines. Adieu, mon cher fils. Je vous écrirai plus au long une autre fois. J'ai si mal dormi la nuit dernière, que je n'ai pas la tête bien libre ni assez reposée pour écrire davantage. Mille compliments à M. de Bonnac. N'ayez surtout aucune inquiétude sur ma santé, qui au fond est très-bonne.

LETTRE XXI

A Paris, le 23 juin 1698

Votre mère s'est fort attendrie à la lecture de
votre dernière lettre, où vous mandiez qu'une de
vos plus grandes consolations était de recevoir de
nos nouvelles. Elle est très-contente de ces marques
de votre bon naturel; mais je puis vous assurer
qu'en cela vous nous rendez bien justice, et que les
lettres que nous recevons de vous font toute la joie
de la famille, depuis le plus grand jusqu'au plus
petit. Ils m'ont tous prié aujourd'hui de vous faire
leurs compliments, et votre sœur aînée comme les
autres. La pauvre fille me fait assez de pitié par
l'incertitude que je vois dans ses résolutions, tantôt
à Dieu, tantôt au monde, et craignant également de
s'engager de façon ou d'autre Du reste, elle est
fort douce, et votre mere est très-contente de la
manière dont elle se conduit envers elle. Madelon
a eu ces jours passés une petite-vérole volante, qui
n'aura pas de suite pour elle. Dieu veuille que les
autres ne s'en ressentent pas! Je crains surtout pour
le petit Lionval, qui pourrait bien en être pris tout
de bon. Il est très-joli, apprend bien, et, quoique
fort éveillé, ne nous donne pas la moindre peine.

. . . .

J'aurais une joie sensible de voir la maison de
campagne dont vous faites tant de récit, et d'y

manger avec vous des groseilles de Hollande. Ces groseilles ont bien fait ouvrir les oreilles à vos petites sœurs et à votre mèie elle-même, qui les aime fort, comme vous savez. Je ne saurais m'empêcher de vous dire qu'a chaque chose d'un peu bon que l'on nous sert sur la table, il lui echappe toujours de dire : *Racine mangeiait volontiers d'une telle chose.* Je n'ai jamais vu en vérité une si bonne mère, ni si digne que vous fassiez votre possible pour reconnaître son amitié. Au moment que je vous écris ceci, vos deux petites sœurs me viennent apporter un bouquet pour une fête qui sera demain, et qui seia aussi la vôtie. Tiouverez-vous bon que je vous fasse souvenir que le même saint Jean, qui est votre patron, est aussi invoqué par l'Eglise comme le patron des gens qui sont en voyage, et qu'elle lui adresse pour eux une prière qui est dans l'itinéraire. et que j'ai dite plusieurs fois à votre intention ? Adieu, mon cher fils.

LETTRE XXII

Paiis. .

Votie ielation du voyage que vous avez fait à Amsterdam m'a fait un très-grand plaisir. Je n'ai pu m'empêcher de la lire a M. de Valincourt et à M. Despréaux. Je me gardai bien, en la lisant, de

leur lire l'étrange mot de *tentatif* que vous avez
appris de quelque Hollandais et qui les aurait beaucoup étonnés : du reste, je pouvais tout lire en
sûreté, et il n'y avait rien qui ne fût selon la langue
et selon la raison. Votre mere est fort touchée du
souvenir que vous avez d'elle....

M. de R.. m'a appris que la Champmêlé était à
l'extremité, de quoi il paraît très affligé, mais ce qui
est le plus affligeant, c'est de quoi il ne se soucie
guère ; je veux dire, l'obstination avec laquelle cette
pauvre malheureuse refuse de renoncer à la comédie,
ayant déclaré, a ce qu'on m'a dit. qu'elle trouvait
très-glorieux pour elle de mourir comédienne. Il faut
esperer que quand elle verra la mort de plus près,
elle changera de langage, comme font d'ordinaire la
plupart de ces gens qui font tant les fiers quand ils
se portent bien...

Un mousquetaire, fils d'un de nos camarades, a
eu une affaire assez bizarre avec M. de V..., qui, le
prenant pour un de ses meilleurs amis, lui donna
en badinant un coup de pied dans le derrière. puis
s'étant aperçu de son erreur. lui fit beaucoup d'ex-
cuses ; mais le mousquetaire, sans se payer de ses
raisons, prit le moment qu'il avait le dos tourné,
et lui donna aussi un coup de pied de toute sa
force ; après quoi il le pria de l'excuser, disant
qu'il l'avait pris aussi pour un de ses amis. L'action,
qui s'est passée sur le petit degré de Versailles,
par où le roi revient de la chasse, a paru fort
étrange. On a fait mettre le mousquetaire en prison ;
M. de Boufflers accommoda promptement les deux

paities. ... Je me porte bien et toute la famille.
Adieu.

LETTRE XXIII

Versailles

M de Puységur est nommé pour un des gentils-
hommes de la manche. Je ne puis vous cacher l'obli-
gation que vous avez à M. le maréchal de Noailles,
il avait songé à vous et en avait même parlé; mais
vous voyez bien, par le choix de M. de Puységur,
que M. le duc de Bourgogne n'étant plus un enfant,
on veut mettre près de lui des gens d'une experience
consommée, surtout pour la guerie.

Vous voyez du moins que vous avez ici des protecteurs qui ne vous oublient pas, et que, si vous
voulez continuer à travailler et a vous mettie en bonne
réputation, l'on ne manquera pas de vous mettre en
œuvre dans les occasions. Vous ne me parlez plus de
l étude que vous avez commencée de la langue alle-
mande; vous voulez bien que je vous dise que
j'appréhende un peu cette facilité avec laquelle vous
embrassez de bons desseins, mais avec laquelle aussi
vous vous en dégoûtez quelquefois. Les belles-lettres,
où vous avez toujours pris assez de plaisir, ont un
certain charme qui fait trouver beaucoup de sécheresse dans les autres études; mais c'est pour cela

même qu'il faut vous opiniâtrer contre le penchant
que vous avez a ne faire que les choses qui vous plai-
sent. Vous avez un grand modèle devant vos yeux, je
veux dire M. l'ambassadeur, et je ne saurais trop
vous exhorter à vous former sur lui le plus que vous
pourrez. Je sais qu'il y a beaucoup de sujets de distraction et de dissipation à la Haye; mais je vous crois
l'esprit maintenant trop solide pour vous laisser
détourner des occupations que M. l'ambassadeur veut
bien vous donner. Autrement il vaudrait mieux revenir que d'être a charge au meilleur ami que j'aie au
monde.

Je vous dis tout ceci, non point que j'aie aucun
sujet d'inquiétude, étant au contraire très-content
des témoignages qu'on rend de vous ; mais comme
je veille continuellement à ce qui vous est avan-
tageux, j'ai pris cette occasion de vous exciter à
faire de votre part tout ce qui peut faciliter les
vues que mes amis pourront avoir pour vous. Je
suis chargé de beaucoup de compliments de tous
vos petits amis de ce pays-ci : je dis petits amis, en
comparaison des protecteurs dont je viens de vous
parler.

LETTRE XXIV

Paris, 26 juin.

J'ai reçu la lettre que vous m'avez écrite d'Aix-la-Chapelle, et j'y ai vu avec beaucoup de plaisir la description que vous y faisiez des singularités de cette ville et surtout de cette procession ou Charlemagne assista avec de si belles cérémonies.

J'arrivai avant-hier de Marly. Il m'a paru que votre sœur aînée reprenait assez volontiers les petits ajustements auxquels elle avait si fièrement renoncé; et j'ai lieu de croire que sa vocation pourrait bien s'en aller avec celle que vous avez eue pour être chartreux. Je n'en suis pas du tout surpris, connaissant l'inconstance des jeunes gens et le peu de fond qu'il y a à faire sur leurs résolutions, surtout quand elles sont si violentes et si fort au-dessus de leur portée. Il n'en est pas ainsi de Nanette : comme l'ordre qu'elle a embrassé est beaucoup plus doux, sa vocation sera aussi plus durable. Toutes ses lettres marquent une grande persévérance. Babet souhaite aussi avec ardeur que son temps vienne pour se consacrer à Dieu... Vous jugez bien que nous ne la laisserons pas s'engager légèrement et sans être bien assurés d'une vocation. Vous jugez bien

· aussi que tout cela n'est point un petit embarras pour votre mère et pour moi, et que des enfants, quand ils sont venus en âge, ne donnent pas peu d'occupation. Je vous dirai sincèrement que ce qui nous console quelquefois dans nos inquiétudes, c'est d'apprendre que vous avez envie de bien faire et de vous instruire des choses qui peuvent convenir aux vues que l'on peut avoir pour vous. Songez que notre fortune est très-médiocre et que vous devez beaucoup plus compter sur votre travail que sur une succession qui sera fort partagée. Je voudrais avoir pu mieux faire; je commence à être d'un âge où ma plus grande application doit être pour mon salut Ces pensées vous paraîtront peut-être un peu sérieuses; mais vous savez que j'en suis occupé depuis fort longtemps. Comme vous avez de la raison, j'ai cru devoir vous parler avec cette franchise à l'occasion de votre sœur, qu'il faut maintenant songer à établir. Mais enfin nous espérons que Dieu, qui ne nous a point abandonnés jusqu'ici, continuera à nous assister et à prendre soin de nous, surtout si vous ne l'abandonnez pas vous-même et si votre plaisir ne l'emporte pas sur les bons sentiments qu'on a tâché de vous inspirer. Adieu, mon cher fils, ne vous laissez manquer de rien de ce qui vous est nécessaire.

LETTRE XXV

Paris, 24 juillet.

M. de Bonnac vous dira plus de nouvelles que je ne vous en puis écrire, et même des nôtres, nous ayant fait l'honneur de nous voir souvent et de dîner quelquefois avec la petite famille. Il vous pourra dire qu'elle est fort gaie, à la réserve de votre sœur, qui fut fort triste le dernier jour qu'il dîna chez nous ; mais elle était alors si accablée de sa migraine, qu'elle se jeta dans son lit dès qu'il fut sorti, et y demeura jusqu'au lendemain sans boire ni manger. Je la plains fort d'y être si sujette, cela même est cause de toutes les irrésolutions où elle est sur l'état qu'elle doit embrasser. Je fais mon possible pour la réjouir ; mais nous menons une vie si retirée, qu'elle ne peut guère trouver de divertissement avec nous. Elle prétend qu'elle ne se soucie point de voir le monde, et elle n'a guère d'autre plaisir que dans la lecture, n'étant que fort peu sensible à tout le reste. Le temps de la profession de Nanette s'avance fort, et il n'y a plus que trois mois jusque-là. Nanette a grande impatience que ce temps-là arrive. Babet témoigne aussi une grande envie de demeurer à Variville. Votre cousin, le mousquetaire (un des fils de M. Romanet de Mon-

didier), qui l'a été voir, il y a trois jours, en re-
venant de Montdidier , l'a trouvée fort grande et fort
jolie. On est toujours charmé d'elle dans cette maison ; mais nous avons résolu de ne l'y plus laisser
qu'un an , après quoi nous la reprendrons avec nous
pour bien examiner sa vocation. Pour Fanchon , il
lui tarde beaucoup qu'elle soit à Melun avec sa sœur
Nanette, et elle ne parle d'autre chose. Sa petite
sœur n'a pas les mêmes impatiences de nous quitter,
et me paraît avoir beaucoup de goût pour le monde.
Elle raisonne sur toutes choses avec un esprit qui
vous surprendrait, et est fort railleuse ; de quoi je
lui fais souvent la guerre. Je prétends mettre votre
petit frère, l'année qui vient, avec M. Rollin, à
qui M. l'archevêque a confié les petits MM. de
Noailles (ses neveux).

.. .. . M. de Bonnac vous pourra dire combien
M. Despréaux lui témoigna d'amitié pour vous ;
mais il attend que vous lui écriviez le premier. Il
est heureux comme un roi dans sa solitude, ou plutôt
dans son hôtellerie d'Auteuil. Je l'appelle ainsi,
parce qu'il n'y a point de jour où il n'y ait quelque
nouvel écot, et souvent deux ou trois qui ne se
connaissent pas trop les uns les autres. Il est heureux
de s'accommoder ainsi de tout le monde. Pour moi,
j'aurais cent fois vendu la maison.

Pour nouvelles academiques, je vous dirai que le
pauvre M. Boyer est mort âgé de quatre-vingt-trois
ou quatre-vingt-quatre ans On prétend qu'il a fait
plus de vingt mille vers en sa vie; je le crois,
parce qu'il ne faisait autre chose. Si c'était la mode

de brûler les morts, comme parmi les Romains, on aurait pu lui faire les mêmes funérailles qu'à ce Cassius, à qui il ne fallut d'autre bûcher que ses propres ouvrages, dont on fit un fort beau feu. Le pauvre M. Boyer est mort fort chrétiennement ; sur quoi je vous dirai, en passant, que je dois réparation à la mémoire de la Champmélé, qui mourut avec d'assez bons sentiments, après avoir renoncé à la comédie, très-repentante de sa vie passée.... ‑

M. de Bonnac a bien voulu se charger pour vous de trente louis neufs valant 420 livres. Je voulais en donner quarante sur la grande idée qu'il nous a donnée de votre économie ; mais votre mère a modéré la somme et a cru que c'était assez de trente.

Je vous ai tant prêché dans ma dernière lettre que je crains de recommencer dans celle-ci ; vous trouverez donc bon que je la finisse en vous disant que je suis très-content de vous.

J'ai reconnu en vous une qualité que j'estime fort : c'est que vous entendez très-bien raillerie quand d'autres que moi vous font la guerre sur vos petits défauts ; mais ce n'est pas assez de souffrir en galant homme les petites plaisanteries, il faut les mettre à profit. Si j'osais vous citer mon exemple, je vous dirais qu'une des choses qui m'ont fait le plus de bien, c'est d'avoir passé ma jeunesse avec une société de gens qui se disaient assez volontiers leurs vérités, et qui ne s'épargnaient guère les uns les autres sur leurs défauts ; et j'avais assez de soin de me corriger de ceux que l'on trouvait en moi, qui étaient en fort grand nombre et qui auraient pu me rendre assez difficile pour le commerce du monde.

Je reçois la lettre où vous me mandez l'accident qui vous est arrivé. Vous avez beaucoup à remercier Dieu d'en être échappé à si bon marché; mais en même temps cet accident vous doit faire souvenir de deux choses. l'une d'être plus circonspect que vous n'êtes, d'autant plus qu'ayant la vue fort basse, vous êtes plus obligé qu'un autre à ne rien faire avec précipitation; et l'autre, qu'il faut être toujours en état de n'être point surpris parmi tous les accidents qui nous peuvent arriver quand nous y pensons le moins.

Votre mère vient de Saint-Sulpice, où elle a rendu le pain bénit; si vous n'étiez pas si loin, elle vous aurait envoyé de la brioche.

LETTRE XXVI

Paris, 28 août

J'avais résolu d'écrire vendredi dernier à M. l'ambassadeur et à vous, mais il se trouva que c'était le jour de l'Assomption, et vous savez qu'en pareils jours un père de famille comme moi est trop occupé, surtout le matin, pour avoir le temps d'écrire des lettres. Votre mère est fort aise que vous soyez content de la veste qu'elle vous a envoyée. Si elle avait eu la couleur de votre habit, elle vous aurait acheté une étoffe qui vous aurait mieux convenu; mais vous dites fort bien que cette étoffe ne vous sera pas inutile et vous servira pour un autre habit. Votre mère vous remercie de la bonne volonté que vous avez de lui apporter une robe de chambre quand vous viendrez en ce pays-ci, mais elle ne veut point d'étoffe d'or.

On nous manda avant-hier de Melun, que votre sœur Nanette avait une grosse fièvre continue avec des redoublements. Nous en attendons des nouvelles avec beaucoup d'inquiétude, et votre mère a résolu d'y aller elle-même au premier jour. Vous voyez qu'avec une si grosse famille on n'est pas sans embarras, et qu'on n'a pas trop le temps de respirer, une affaire succédant presque toujours à une autre, sans compter la douleur de voir souffrir les personnes qu'on aime..

———

LETTRE XXVII

Paris, 12 septembre

Je ne vous écris qu'un mot pour vous dire seulement des nouvelles de ma santé et de celle de toute la famille. J'ai encore été un peu incommodé de ma colique depuis le dernier billet que je vous ai écrit, mais n'en soyez point en peine : j'ai tout sujet de croire que ce n'est rien, et que les purgations emporteront toutes ces petites incommodités. Le mal est qu'il me survient toujours quelque affaire qui m'ôte le loisir de penser bien sérieusement à ma santé.

Votre mère revint hier au soir de Melun, où elle a laissé votre sœur Nanette parfaitement guérie, et très-aise d'avoir été admise à la profession par toute la communauté, avec des agréments incroyables. Cette cérémonie se fera vers la fin d'octobre, pendant le voyage de Fontainebleau.....

Nous songeons aussi à marier votre sœur; et si une affaire dont on nous a parlé réussit, cela se pourra faire cet hiver, sinon nous attendrons quelque autre occasion. Elle est fort tranquille la dessus, et n'a ni vanité ni ambition, et j'ai tout lieu d'être content d'elle.

J'ai pensé vous marier vous-même sans que vous en sussiez rien, et il s'en est peu fallu que la chose n'ait été engagée; mais quand c'est venu au fait et au prendre, je n'ai point trouvé l'affaire aussi avantageuse qu'elle paraissait; elle le pourra être dans vingt ans, et cependant vous auriez eu un peu à souffrir et vous n'auriez pas été fort à votre aise. Je n'aurais pourtant rien fait sans prendre avis de M. l'ambassadeur et sans avoir votre approbation. Ceux de mes amis que j'ai consultés, m'ont dit que c'était vous rompre le cou et empêcher peut être votre fortune, que de vous marier si jeune, en vous donnant un établissement si médiocre, quoiqu'il y eût des espérances de retour dans vingt ans, comme je vous ai dit. Je ne vous aurais même rien mandé de tout cela, si ce n'etait que j ai voulu vous faire voir combien je songe à vous. Je tâcherai de faire en sorte que vous soyez content de nous, et nous vous aiderons en tout ce que nous pourrons. C'est à vous de votre côté à vous aider aussi vous même, en continuant à vous appliquer sérieusement, et en donnant à M. l'ambassadeur toute la satisfaction que vous pourrez. Je vous manderai une autre fois, pour vous divertir, le détail de l'affaire qu'on m'avait proposée. Tout ce que je vous puis dire, c'est que vous ne connaissez point la personne dont il s'agissait et que vous ne l'avez jamais vue. C'est même

une des raisons qui m'a fait aller bride en main,
puisqu'il est juste que votre goût soit aussi consulte
Adieu, mon cher fils...

Vous n'êtes pas le seul à qui il arrive des aventures. Votre mère et votre sœur me vinrent chercher, il y a huit jours, à Auteuil où j'avais diné Un
orage epouvantable les prit comme elles etaient sur
la chaussée La grêle, le vent et les éclairs firent
une telle peur aux chevaux, que le cocher n'en était
plus maître. Votre sœur, qui se crut perdue, ouvrit
la portière et se jeta à bas sans savoir ce qu'elle
faisait. Le vent et la grêle la jetèrent par terre et la
firent si bien rouler, qu'elle allait être jetee à bas de
la chaussée, sans mon laquais qui courut après et
qui la retint. Elle arriva à Auteuil dans ce bel état.
M Despréaux fit vite allumer un grand feu ; Mlle de
Frescheville lui prêta une chemise et un habit ;
M. Leverrier lui donna de la reine-d'Hongrie ; nous
la ramenâmes à Paris a la lueur des éclairs, malgré
M Despréaux, qui voulait la retenir. Elle se mit
au lit en arrivant, et y dormit douze heures durant,
après quoi elle se trouva en très-bonne sante. Il a
fallu lui acheter d'autres jupes et c'est là tout le
plus grand mal de son aventure.

Adieu, mon cher fils.

LETTRE XXVIII

J'ai la tête si épuisée de tout le sang qu'on m'a tiré depuis cinq ou six jours, que je laisse à ma femme le soin de vous écrire de mes nouvelles. Ne soyez cependant en aucune inquiétude pour ma santé ; elle est, Dieu merci, beaucoup meilleure, et j'espère être en état d'aller dans huit jours à Fontainebleau. Vous savez ma sincérité, et d'ailleurs je n'ai aucune raison de vous déguiser l'état où je suis. Faites bien mes compliments à M. l'ambassadeur et à M. de Bonnac. Soyez tranquille, et songez un peu au bon Dieu.

(Madame Racine continue)

La colique de votre père s'était beaucoup augmentée avec des douleurs insupportables, avec de la fièvre qui était continue, quoiqu'elle ne fût pas considérable. Il a fallu tout de bon se mettre au lit, et l'on a été obligé de saigner votre père deux fois, et faire d'autres remèdes dont il n'est pas tout à fait dehors. Le principal est qu'il a eu une bonne nuit, et qu'il est ce matin sans fièvre, et qu'il ne lui reste plus de sa colique qu'une douleur dans le côté droit, quand on y touche ou que votre père s'agite.

Votre père est fort content des réflexions que vous faites dans vos lettres, au sujet de l'établissement

que nous avons été sur le point de vous donner ;
mais, par votre seconde lettre, il nous a paru
que le bien que cette fille vous apportait avait fait
un peu trop d'impression sur votre esprit, et que
vous n'aviez pas assez pensé sur ce que votre père
vous avait mandé de l'humeur de la personne dont
il s'agissait. Je vois bien, mon fils, que vous ne
savez de quelle importance cela est pour le repos
de la vie. C'est pourtant la seule raison qui nous
a fait rompre. Pour moi, j'avais encore une raison
qui me tenait au cœur, c'est que la demoiselle était
rousse. Au reste, ne croyez point que nous ayons
appréhendé de nous incommoder ; cela ne nous est
pas tombé dans l'esprit, et d'ailleurs il ne nous en
coûtait guère plus qu'il nous en coûtera pour vous
faire subsister. Votre père est si content de vous,
qu'il fera toutes choses afin que vous soyez honnête
homme, et que vous viviez d'une manière qui réponde à l'éducation que nous avons tâché de vous
donner.

LETTRE XXIX

Paris, 30 octobre.

Vous pouvez vous assurer, mon cher fils, que ma santé est, Dieu merci, en train de se rétablir entièrement. J'ai été purgé pour la dernière fois, et mes médecins ont pris congé de moi, en me recommandant neanmoins une très-grande diète pendant quelque temps et beaucoup de règle dans tous mes repas pour toute ma vie ; ce qui ne me sera pas fort difficile a observer ; je ne crains que les tables de la cour ; mais je suis trop heureux d'avoir un prétexte d'éviter les grands repas. J'ai résolu même d'être à Paris le plus souvent que je pourrai, non-seulement pour y avoir soin de ma santé, mais pour n'être point dans cette dissipation où l'on ne peut éviter d'être à la cour. Nous partirons mardi prochain pour la profession de ma chère fille, que je ne veux pas faire languir davantage. ..

Nous allâmes l'autre jour dîner a Auteuil avec toute la petite famille, que M. Despréaux régala le mieux du monde Ensuite il mena Lionval et Madelon au bois de Boulogne, badinant avec eux et leur disant qu'il voulait les mener perdre ; il n'entendait pas un mot de tout ce que ces pauvres enfants lui disaient ; c'est le meilleur homme du monde.

M. Hessein a un procès assez bizarre contre un
conseiller de la cour des aides, dont les chevaux
ayant pris le frein aux dents, vinrent donner tête
baissée dans son carrosse qui marchait fort paisiblement. Le choc fut si violent, que le timon du conseiller entra dans le poitrail d'un des chevaux de
M. Hessein, et le perça de part en part, en telle
sorte que le pauvre cheval mourut au bout d'une
heure.... Faites part de cette aventure à M. l'ambassadeur ; mais qu'il se garde bien d'en plaisanter
dans quelque lettre avec M. Hessein, car il prend
la chose fort tragiquement.

———

LETTRE XXX

Paris, 10 novembre.

Nous revînmes de Melun vendredi dernier, et j'en
suis revenu fort fatigué. J'avais cru que l'air me
fortifierait ; mais je crois que l'ébranlement du carrosse m'a beaucoup incommodé. Je ne laisse pourtant d'aller et de venir, et les médecins m'assurent
que tout ira bien, pourvu que je sois exact à la
diète qu'ils m'ont ordonnée, et je l'observe avec une
attention incroyable. Je voudrais avoir le temps
aujourd'hui de vous rendre compte du détail de la
profession de votre sœur ; mais, sans la flatter, vous

pouvez compter que c'est un ange Son esprit et son jugement sont extrêmement formés ; elle a une memoire prodigieuse et aime passionnement les bons livres. Mais ce qui est de plus charmant en elle, c'est une douceur et une égalité d'esprit meveilleuse. Votre mère et votre sœur ainee ont extrêmement pleuré, et pour moi je n'ai cessé de sangloter, et je crois même que cela n'a pas peu contribué à déranger ma faible santé. Nous n'avions pas mené les petites ni Lionval, à cause des mauvais chemins Votre sœur aînée est revenue avec des agitations incroyables, portant grande envie à la joie et au bonheur de sa sœur, et déplorant son propre malheur de ce qu'elle n'a pas la force de l'imiter.

FIN

TABLE

TABLE   139

FIN DE LA TABLE

A LA MÊME LIBRAIRIE

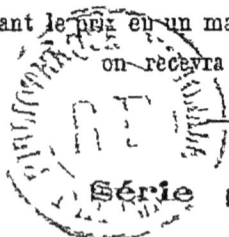

Série grand in - 8°

à 4 fr. le volume.

Aymar; par Marie Emery.

Fastes militaires de la France (les), par A. S. de Doncourt

Histoire anecdotique des fêtes et jeux populaires au moyen âge,
par Mlle Amory de Langerack.

Itinéraire de Paris à Jérusalem· par Chateaubriand édition revue
par M. de Cadoudal.

Martyrs (les); par Chateaubriand édition revue par le même

Perles de la littérature contemporaine; par Mme de Gaulle.

Récits du foyer; par Mme Bourdon.

Récits d'un bon oncle, sur l'Europe, l'Asie, l Afrique l'Amérique
et l'Océanie : imités de l'anglais; par Mme de Montanclos; ornés de
25 *vignettes*.

Souvenirs d'histoire et de littérature, par M. Poujoulat

Une Visite à chacun; par A E de l'Etoile.

Série in - 8° (de 600 pages environ)

à 4 fr. 50 le volume.

Catéchisme en exemples (le).

Château de Bois-le-Brun (le), et Laure de Cernan, suite du *Château
de Bois le-Brun*, par S. Bigot.

Histoire de la vie de N.-S Jésus Christ, par le P de Ligny. suivie
d'un précis des Actes des apôtres.

Souvenirs de voyage · la Suisse, le Piémont, Rome, Naples, toute
l'Italie; par Mme la comtesse de la Grandville

Triomphe de l'Evangile (le) traduit de l'espagnol, par Buynand
des Echelles.

142

J LEFORT, ÉDITEUR A LILLE

Ire série in-8° à 2 fr. 50 le volume

Auvergne (Mgr) ses voyages au mont Liban, au Sinaï, à Rome, etc.

Château de Bois le-Brun (le); par S. Bigot.

Chine et la Cochinchine (la) par J. E. Roy.

Christianisme au Japon (le), par M. le comte de Lambel.

Constantinople, depuis Constantin jusqu'a nos jours, par M de Montrond.

Dieu, le Christ, son Eglise, ses Sacrements, par M. l'abbe Petit.

Dorsigny (les). ou Deux Educations; par S. Bigot

Etudes et Portraits, par M Poujoulat

Gerbert, archeveque de Reims, pape sous le nom de Sylvestre II sa vie et ses ecrits; par M. l'abbé Loupot.

Hincmar, archevêque de Reims. sa vie, ses œuvres. son influence ; par le même.

Lacordaire (le P.): par M. de Montrond

Laure de Cernan, par l auteur du *Château de Bois le-Brun*

Modeles les plus illustres dans le sacerdoce et la religion, par M de Montrond.

Musiciens (les) les plus célebres; par le même.

Naples : histoire, monuments, litterature L L F.

Poëtes les plus celebres : français, italiens, anglais, espagnols.

Prelats les plus illustres de la France ; par M. de Montrond

Saint Ambroise sa vie et extraits de ses écrits.

Saint Athanase. sa vie et extraits de ses écrits.

Saint Augustin sa vie et extraits de ses écrits.

Saint Basile . sa vie et extraits de ses écrits.

Saint Bernard . sa vie et extraits de ses ecrits.

Saint Cyprien: sa vie et extraits de ses ecrits.

Saint Eloi (Vie de), évêque de Noyon et de Tournai, par saint Ouen, traduite et annotée par M l'abbe Parenty. 2 *gravures sur acier.*

Saint Ephrem sa vie et extraits de ses ecrits.

Saint Gregoire de Nazianze sa vie et extraits de ses écrits.

Saint Jean Chrysostôme sa vie et extraits de ses écrits.

Saint Jerôme, solitaire et prêtre sa vie et extraits de ses ecrits

Saint Laurent, diacre et martyr, par M. l abbé Labosse 4 *grav.*

Saint Martin, évêque de Tours, par M. de Montrond.

Savants les plus celebres; par le même.

Sicile (la) · souvenirs, récits et légendes, par M. l'abbe V Postel.

Souvenirs de voyage, par Mme de la Grandville. 2 *vol.*

Syrie (la) en 1860 et 1861 · massacres du Liban et de Damas, et expédition française; par M. l'abbé Jobin.

Variétés littéraires; par M Poujoulat.

Vendeville (Mgr), évêque de Tournai; par le P. Possoz

Wiseman (le cardinal). étude biographique, par de Montrond.

2ᵉ série in-8° à 1 fr. 50 le volume

A travers l'Océanie; par Mᵐᵉ la comtesse Drohojowska

Bon Conseiller (le) avis, maximes, etc ; par l'abbe Petitpoisson.

Conquêtes du Christianisme en Asie, en Afrique, en Amerique et en Oceanie, par C. Guenot.

Dom Léo, ou le Pouvoir de l'amitié, par E. S. Drieude

Edmour et Arthur; par le même

Empereurs romains (Histoire des), d'après Crevier, par M. Boissart

Épreuves de la piété filiale, par E. S Drieude.

Ère des Martyrs (l'); par M. l'abbe de Saint-Vincent.

Europe chretienne (l'), par C Guénot.

Fleurs des Martyrs au XIXᵉ siecle : Chine et Cochinchine, par A. S. de Doncourt.

Fleurs des Martyrs au XIXᵉ siecle : Corée, par le même

Guerre de cent ans (la) entre la France et l'Angletcire; par A. de la Porte.

Guerre du Mexique, 1861-1867; par M L. Le Saint

Guerre entre la France et la Prusse (la), 1870-1871, par le même.
— Ce volume est precede d'une carte complete du theatre de la guerre

Histoire naturelle, d'apres Cousin Despreaux.

Journal de Clotilde, par Mˡˡᵉ S. Wanham.

La Tour-d'Auvergne (Histoire de), 1ᵉʳ grenadier de France, par A. Buhot de Kersers.

Lieux saints (les); par Mgr Maupoint, éveque de Saint Denis

Lorenzo, ou l'Empire de la religion, par E S Drieude

Mardis de Marguerite (les) par Marie Emery.

Marie-Antoinette et Madame Elisabeth, par F. Lafuite.

Marie Stuart, reine de France et d'Ecosse, par A. Laurent

Martyrs du Japon (les), par M. de Montrond

Mendiante de Saint Eustache (la), par Mᵐᵉ C. Breton

Morts héroïques (les) pendant la guerre de 1870-1871 et pendant la commune, par C d'Aulnoy.

Mosaïque de la jeunesse varietes interessantes et instructives 28 *gravures*.

Page du comte de Flandre (le), par M Barbe.

Rosario histoire espagnole· par L. S. Drieude.

Sanctuaires les plus celebres de la sainte Vierge en France, par M. de Gaulle (Premiere partie)

Sanctuaires les plus celebres de la sainte Vierge en France; par le même (Deuxieme partie)

Scenes de la vie des animaux, par M. P

Solitaires d'Isola-Doma (les), par E. S. Drieude.

Souvenirs des ambulances, par A S de Doncourt

Une Guerre de famille, par Marie Emery.

Une heritiere; par la même.

3ᵉ série in - 8⁰ a 1 fr. 25 le volum

Algérie chrétienne (l') par A. Egron.

Amicie, par Marie Emery.

Apôtre de la charite (l') : vie de saint Vincent de Paul

Armand Renty, par J. Aymard

Biographies lorraines, par M. le comte de Lambel.

Bruno, ou la Victoire sur soi-même, par Mᵐᵉ de Gaulle.

Croise de Tortona (le), par G. Guenot.

Deux Amis (les); par S. Bigot.

Devoir et Vertu, ou les Forges de Buzançais.

Devouement d une jeune fille ; par Mᵐᵉ Beaujard.

Emeraude de Berthe (l'); par M Ange Vigne.

Enfant de l'hospice (l'), par Marie de Bray.

Episodes et Souvenirs de la guerre de Prusse, par M. de Montrond.

Ermitage de Saint-Didier (l'), par H. Lebon.

Exemples traçant le chemin de la vertu (les).

Ferme de Valcomble (la).

Fernand Delcourt, par S. Bigot.

Fleurs printanieres; par M. de Montrond.

Fourier de Vattaincourt (le Bx), par M. le comte de Lambel

Frere et la Sœur (le), par F. Villars.

Germaine Cousin (sainte), par M. de Montrond.

Grotte de Lourdes (la), par Mˡˡᵉ Amory de Langerack

Ile des Naucleas (l'); par Mᵐᵉ Grandsard

www.ingramcontent.com/pod-product-compliance
Lightning Source LLC
Chambersburg PA
CBHW072101090426

42739CB00012B/2832